König Rother.

I0615246

Herausgegeben

von

K. v. Bahder.

———

Halle.

Max Niemeyer.

1884.

Altdeutsche textbibliothek, herausgegeben von H. Paul.
No. 6.

Vorwort.

Die vorliegende Rotherausgabe macht nicht den versuch die ursprüngliche gestalt des gedichtes zu reconstruiren, sondern will nur einen lesbaren abdruck der Heidelberger handschrift geben, die von mir nochmals nachverglichen worden ist. Sie verzichtet daher darauf die älteren und jüngeren bestandteile des gedichtes von einander zu scheiden, sie behält namentlich auch die sprachformen der handschrift, so bunt zusammengewürfelt dieselben auch sind, unverändert bei. Da nun einmal nicht versucht werden sollte das gedicht in die dem dichter zukommenden sprachformen umzuschreiben (ein unternehmen, das ich für unausführbar halte, da der dichter sich keines in sich geschlossenen dialektes bedient hat), so blieb nichts anderes übrig als diese durchgehende bewahrung der überlieferung. Die zahlreichen fehler der hs. habe ich mich zu verbessern bemüht mit verwertung der schon früher aufgestellten verbesserungsvorschläge, doch scheute ich mich auch hier vor gewaltsamen änderungen und habe mich öfters damit begnügt in einer anmerkung auf das verderbnis im texte hinzuweisen. Alle worte und buchstaben, die in der hs. nicht stehn — von der regelung der orthographie und besserung von ins gefängnis werfen lässt, dann seine brudersöhne Hertnit und Hiröir, denen das gleiche schicksal widerfährt. Darauf versammelt könig Osantrix seine mannen, zu denen auch die riesenbrüder Aspilian, Aventrod, Adgeir und Widolf gehören; letzterer muss seiner wildheit wegen mit einer eisenkette gefesselt geführt werden. Ins Hunnenland gekommen, ändert der könig seinen namen und nennt sich Thidrek. Er erbittet von könig Milias schutz gegen Osantrix, der ihn vertrieben habe. Als Milias zaudert seine bitte zu erfüllen, tritt Aspilian vor wut bis an die knöchel in die erde und als der könig weiter droht ihn mit gewalt aus der stadt zu treiben, schlägt Aspilian ihn mit der faust nieder und die mannen Osantrix erschlagen alles was sich in der burg befindet und befreien die gefangenen. Oda wird dem könig Osantrix gebracht und er zieht ihr einen silbernen und einen goldenen schuh auf seinem schosse an; sie wünscht ihren fuss streichelnd „käme der tag, dass ich meinen fuss so auf könig Osantrix hochsitz streicheln könnte", worauf er sich ihr zu erkennen gibt. Es folgt die versöhnung mit Milias.

Die hauptzüge dieser erzählung finden wir im ersten teile unseres gedichtes wieder, nur vielfach ausgeschmückt und erweitert, wie es der dem romantischen bereits zugewandte geschmack in der mitte des 12. jahrhunderts erforderte. Aber der schauplatz ist ein ganz anderer. An stelle des Osantrix von Wilzenland finden wir Rother, könig von Rom, an stelle des Milias von Hunnenland den griechischen könig Constantin. Es handelt sich hier keinenfalls um willkürlich von dem dichter vorgenommene änderungen, er folgte vielmehr der in Süddeutschland herschenden tradition der sage [1]).

---

1) Während Müllenhoff, Zs. f. deutsches Alterth. 6, 446 ff., die ansicht begründete, dass die hauptzüge der erzählung der sage von Hug- und Wolfdietrich entlehnt seien, hat sich Rückert und neuerdings Heinzel, Anzeiger f. deutsches Alterth. 9, 248 f., für den langobardischen ursprung derselben erklärt. Dieser will a. a. O. 248 auch die gestalten der riesen aus langobardischer tradition ableiten, von denen Scherer, Quellen u. Forschungen 12, 92 vermutet hatte, dass sie dem französischen volksepos entnommen seien.

In Rother dürfen wir wol den Langobardenkönig Rothari (614—50) sehen, der als veranstalter eines gesetzbuches berühmt geworden ist; allerdings ist er der deutschen heldensage sonst fremd, doch darf vermutet werden, dass die sage von der brautwerbung des königs Authari um Theodelinde, von der Paulus Diaconus berichtet, auf ihn übertragen worden ist. Wenn Rother in userm gedichte um die tochter des griechischen königs wirbt, so erklärt sich das aus dem allgemeinen zuge der späteren spielmannsdichtung ihre erzählungen in den Orient zu verlegen. Dass Rother selbst zu einem deutschen könig von Rom geworden ist, erklärt sich aus den zeitanschauungen.

Ausserdem finden wir im gedichte andere gestalten, die in der erzählung der Thidreksaga nichts entsprechendes haben. Vor allem der alte ratgeber des königs Rother Berchter (oder auch Berker), herzog von Meran. Ohne zweifel steht derselbe im zusammenhang mit dem Berchtung von Meran, der in der Wolfdietrichsage eine so grosse rolle spielt; da er hier eine unentbehrliche figur ist, indem er seinem herren sein land erhält, kann er nicht erst aus dem Rother herübergenommen worden sein, sondern der vorgang muss der umgekehrte gewesen sein. Von hause aus aber ist er ein ostgotischer held und begegnet als solcher in den meisten gedichten aus dem sagenkreise Dietrichs von Bern; Meran d. i. Dalmatien und Kroatien wurde als das stammland der Goten angesehen, vgl. Kaiserchronik D 424, 8 ff. Mit der Rothersage ist er erst spät und bloss in der süddeutschen tradition in verbindung gebracht worden. — Im Wolfdietrich hat Berchtung 16 söhne, in userm gedicht werden dem Berchter 12 beigelegt (doch vgl. zu v. 5135), von denen zwei, Liuppolt genannt *von Meylân* und Erwin an die stelle des Hertnit und Hirðir in der Thidreksaga getreten sind. Auch diese gehören wol der sage an, im Biterolf kommen *Berkers kint* als die *fürsten von Meylân* vor, allerdings mit den abweichenden namen Randolt und Rienolt. — Auch die beiden Tenge-

linger, Amelger und Wolfrat, tragen die namen zweier
helden Dietrichs von Bern (vgl. z. B. Alpharts Tod 11),
doch können die personen selbst nicht als eigentlich
sagenhafte gelten, sondern sind im wesentlichen
schöpfungen des dichters. — Mehrfach zeigt sich also
vermischung mit der sage Dietrichs von Bern. Auch
der name Dietrich, den sich Rother beilegt, findet
hierdurch am wahrscheinlichsten seine erklärung.

Aber auch die geschichte selbst hat in unserem
gedichte eine erweiterung erfahren. Die königstochter
wird dem Rother durch einen listigen spielmann wider
entführt, sie gelangt in die gewalt eines heidnischen
königs, dem sie Rother mit eigener lebensgefahr wider
entreisst. Hier haben wir es mit jüngeren erfindungen,
teilweise entlehnungen aus anderen sagenkreisen zu
tun. Die listige entführung der königstochter vergleicht
sich der der Hilde in der Kudrun, ihre befreiung von
dem aufgedrungenen freier durch den rechtmässigen
gemahl ist ein zug, der in vielen volkstümlichen ge-
dichten widerkehrt; ganz ähnlich wie Rother durch
seine mannen vom galgen errettet wird, wird dies im
Salman und Morolf vom könig Salman erzählt. Der
kampf mit den heiden verrät deutlich den einfluss
der kreuzzüge. — Wenn schliesslich Rother zum vater
Pippins, zum ahnherrn Karls des Grossen gemacht
wird, so liesse sich das vielleicht aus dem umstande,
dass die Karolinger als rechtsnachfolger der lango-
bardischen könige betrachtet wurden, erklären. Viel-
leicht haben wir es auch mit einer erfindung des
dichters zu tun, der seiner erzählung eine grössere
beglaubigung geben wollte.

2. Ort und zeit der abfassung.

Der dichter hat in seine sagenhafte erzählung
einige historische elemente hinein verwebt. Wie Wilken,
Geschichte der kreuzzüge 2. bd. beilagen S. 17 ff. zuerst
nachgewiesen hat, verbanden sich kreuzzugserinnerungen
mit der darstellung der züge Rothers nach Griechen-
land; jedenfalls hat man dabei an den zug zu denken,

den der Baiernherzog Welf im Jahre 1101 unternahm.
Das heer der Baiern lagerte damals längere zeit vor
Constantinopel und hatte ursache sich über den wankel-
mut des kaisers Alexius, der mistrauen und furcht vor
den kreuzfahrern hegte, zu beklagen. Sicher hat dem
dichter bei der gelungenen charakterzeichnung Con-
stantins der kaiser Alexius vorgeschwebt. Wenn uns
weiter erzählt wird, dass ein kreuzfahrer einen zahmen
löwen am hofe des Alexius erschlagen habe, so haben
wir hierin das vorbild für die heldentat des Asprian
zu sehen. Die kämpfe mit Ymelot, könig von Babilon,
erinnern dann auch an die kämpfe, welche das kreuz-
heer in Kleinasien zu bestehen hatte, freilich durchaus
nicht mit dem günstigen ausgange, wie in unserem ge-
dichte. Dass der dichter den kreuzzug mitgemacht
habe, braucht aus dem allen nicht geschlossen zu
werden, seine kenntnis beruht wol nur auf den er-
zählungen, welche die kreuzfahrer nach ihrer heimat
mitbrachten und die dort in Baiern sagenhaft ausge-
schmückt umgingen.

Wird hierdurch schon wahrscheinlich, dass das
gedicht in Baiern entstanden ist, so ergibt sich die ge-
wisheit daraus, dass der dichter einige bairische familien
nennt. Vor allem die von Tengelingen, Amelger und
seinen sohn Wolfrat, die in nächster beziehung zu dem
alten Berchter von Meran stehn. Diese verknüpfung
einer sagenhaften figur mit einem bekannten bairischen
geschlecht (vgl. über die grafen von Tengling im
Salzburgischen, Riezler, Geschichte Baierns 1, 861) wird
nur dadurch verständlich, dass der titel herzog von
Meran (oder auch Dalmatien und Kroatien) im 12. jahr-
hundert bairischen adelsfamilien zukam und zwar zu-
nächst den grafen von Dachau (nordwestlich von
München); da der zweite herzog Konrad III. keine
nachkommen hatte, ging der titel (seit 1178) auf die
grafen von Andechs (am Ammersee), zunächst Bert-
hold IV. über. Diesen darf man allerdings nicht, wie
früher geschehen ist, mit unserm Berchter zusammen-
bringen, denn das gedicht ist sicher vor diesem zeitraum

entstanden; dagegen kann der dichter die grafen von
Dachau sehr wol im auge gehabt haben. Zuerst im
jahre 1152 erscheint Konrad II. von Dachau officiell
mit dem titel „herzog von Meran", und nach diesem
jahre wäre also unser gedicht anzusetzen, wobei freilich
die möglichkeit bleibt, dass das geschlecht schon vor
1152 den herzogstitel trug oder beanspruchte. Dachte
sich der dichter den Berchter von Meran als bairischen
magnaten, so konnte er ihn zu einem verwandten der
Tengelinger machen. Ob die tradition dieses geschlechtes
von einem Amelger und Wolfrat zu erzählen wusste
oder ob er diese frei erfunden hat, muss unentschieden
bleiben. Dass er von dem bestreben geleitet ist die
familie zu verherrlichen, tritt unverkennbar hervor.
Endlich wird noch ein Hademar von Diessen genannt,
der bei Rothers anwesenheit die krone zu usurpiren
sucht: es ist das geschlecht gemeint, das später den
namen „von Andechs" annimmt; diesem war der dichter
wol weniger geneigt. — Diesen bairischen elementen
reiht sich auch der lobspruch auf den Baiernstamm
v. 3844. 45 an.

Weisen uns diese merkmale alle nach Baiern, so
lässt auf der anderen seite manches an die Rheinlande
denken. Nicht etwa, wie man wol gesagt hat, dass das
gedicht Karl d. Gr. zum enkel Rothers macht, denn Karl
war überall populär, in Baiern so gut wie in Rhein-
franken. Eher wäre schon das heranzuziehn, dass
Rother, nachdem seine fahrt gelungen, nach Riflanden
zieht, dass hier in Aachen sein sohn schwert nimmt.
Sicher verrät rheinische herkunft die erwähnung der
heil. Gerdrut von Nivelle, die häufige anrufung des
heil. Egidius. Beide sind in den Rheinlanden verehrte
heilige. Wir müssen annehmen: das gedicht ist von
einem rheinischen spielmann in Baiern verfasst worden [1]).
Mit dieser annahme stimmt nun auch die sprache

---

[1]) Nicht zu billigen ist Edzardi's annahme, dass das gedicht am
Rheine verfasst und in Baiern bloss umgearbeitet worden sei vgl. unten
s. 10 anmerkung.

überein. Die sprache des gedichts in seiner ursprüng-
lichen gestalt, wie sie aus den reimen zu entnehmen
ist, während sonst vielfach unursprüngliches hineinge-
tragen ist, weist uns auf das nördliche Mittelfranken,
die gegend nördlich von Köln, ganz nahe der nieder-
fränkischen grenze. Der dichter hat indes nicht un-
eingeschränkt von seinem dialekte gebrauch gemacht,
sondern sich teilweise auch obd. formen bedient. Eine
ähnliche mischung liegt vor im Rolandslied des pfaffen
Konrad und der Kaiserchronik, bei denen aber die be-
einflussung durch das obd. noch etwas grösser war,
während z. b. in Lamprechts Alexanderlied uns der
reine mfr. dialekt entgegentritt.

Um die zeit der abfassung zu bestimmen, ist vor
allem metrik und reim heranzuziehn. Das metrum
zeigt noch grosse freiheiten. Das ganze ist in ab-
schnitte von ungleicher dauer (durchschnittlich 15 bis
20 verse) gegliedert. Die grosse mehrzahl der verse
ist mit 4 hebungen zu lesen, wobei jedoch notwendig
angenommen werden muss, dass auf eine hebung zwei
senkungen folgen können, in der auch minder betonte
wörter, wie artikel, pronomina, präpositionen, partikeln,
auxiliaria stehen dürfen (vgl. Amelung, Zeitschr. für
deutsche Philologie 3, 253 ff.). Zwischen diese sind
aber längere verse von 5 — 8 hebungen eingestreut.
Sie finden sich namentlich am ende eines abschnittes,
manchmal auch am anfang, oder innerhalb eines ab-
schnittes, falls etwas neues kommt z. b. bei beginn der
rede. Sehr häufig lässt sich durch leichte änderungen
der versbau regelmässiger machen, was indes in dieser
ausgabe vermieden ist[1]). Gross ist auch noch die reim-
freiheit. Etwa die hälfte aller reime sind bloss asso-
nanzen. Dass bloss zwei flexionsvokale mit einander
reimen, kommt nur vereinzelt vor, dagegen mehrfach,
dass stammsilbe und flexionssilbe reimen: letztere ist

---

1) Amelung a. a. O. versucht es alle nach mhd. princip zu langen
versen durch zerlegung in 2 verse, tilgung von worten und änderungen auf
das mass von 4 hebungen zu bringen.

dann mit einem vollen vokal *a i o u* zu lesen. Für
den fall der assonanz wird entweder gleichheit der
vokale bei ungleicher consonanz oder gleichheit der
consonanten bei ungleichem vokal verlangt. Letzterer
fall kommt beim stumpfen reim nur selten vor, dagegen
beim klingenden sind beide fälle häufig. Am grössten
ist die freiheit bei den dreisilbigen reimen.

Einen grossen teil dieser freien reime werden wir als
in der dichtungsgattung, dem der Rother angehört, alt-
überlieferte ansehen müssen; sie begegnen auch in viel
späteren spielmannsgedichten. Indes erlaubt uns doch
die reimbehandlung im ganzen die zeit des dichters
darnach zu fixiren. Gewöhnlich setzt man dieselbe als
1130 an, doch schwerlich mit recht. In dem bald nach
1131 gedichteten Rolandslied sind die reimfreiheiten
noch bedeutend grössere. Wie lange nach 1131 das
gedicht gesetzt werden muss, ist nicht leicht zu ent-
scheiden. Nicht wahrscheinlich ist die abfassung nach
1160 wegen einzelner sehr freier reime, freilich ist
dabei zu berücksichtigen, dass ein rheinisches spiel-
mannsgedicht nicht mit dem massstab gemessen werden
darf, wie ein oberdeutsches gedicht eines geistlichen
verfassers. Ziehen wir noch das oben s. 6 gewonnene
datum in betracht, so werden wir den Rother mit
wahrscheinlichkeit 1152—60 setzen können. Auf diese,
keine frühere zeit verweist auch das durchgeführte
höfische ceremoniell und die bereits hervortretenden
spuren des minnedienstes.

3. Die überlieferung.

Das gedicht ist uns mit ausnahme der schlussverse
vollständig in der Heidelberger handschrift (H) cod.
pal. 390 überliefert. Dazu kommen fragmente: das
Arnswaldische in Hannover (A), das Badener (B), jetzt
auf der bibliothek des germanischen museums in Nürnberg
— beide in Massmanns ausgabe abgedruckt — das Erm-
litzer (E), zu derselben hs. wie B gehörend, abgedruckt
Germania Bd. XXIX Heft 2 und das Münchener (M), ver-
öffentlicht von Keinz, Sitzungsberichte der k. bayer. Akad.

der Wiss. 1869 II 309—11. Von diesen suchen A und BE die reime zu glätten, was durch umarbeitung und anfügung von flickwörtern geschieht; über die beschaffenheit der vorlage von A lässt sich nichts sicheres entscheiden, die von BE ist von H unabhängig und bietet manchmal die bessere lesart. M endlich könnte auf das in Baiern entstandene gedicht direkt zurückgehn. Nur die sprachformen sind ins oberdeutsche umgesetzt worden, was ein paar mal auch zur änderung der reimworte führte. Es fehlen in M, der Heidelberger hs. gegenüber, eine reihe von versen, von denen es sehr wahrscheinlich ist, dass sie erst durch interpolation in das gedicht hineingekommen sind. Da diese geringen fragmente eine kritische ausgabe nicht ermöglichen, hat man sich im wesentlichen an H zu halten.

Die Heidelberger hs. bietet uns das gedicht nicht in seiner ursprünglichen gestalt. Eine reihe von grösseren und kleineren abschnitten geben sich durch den abweichenden ton, den gebrauch sonst nicht vorkommender wörter und ausdrücke, durch genauere reime und regelmässigeren versbau als interpolationen zu erkennen. Von längeren abschnitten gehört hierher: die schilderung der leiden der boten im kerker (364—85), zum grossen teil die rüstung zur zweiten fahrt Rothers (3379 ff.), Arnolds ansprache an die seinen (4115—42), die verherrlichung Wolfrats und der andren helden (4333—84), die beratung der riesen über Constantinopels schicksal (4397—4458), die belehnung Arnolds (4712—35) und der helden Rothers (4823 ff.). Der interpolator schiebt geistliche betrachtungen ein und hat das bestreben nebenpersonen deutlicher hervortreten zu lassen. Auch im einzelnen ist wol manches geändert worden, besonders dem reim zu liebe, und manches unursprüngliche in das gedicht hineingetragen. An dem ganzen der erzählung hat er dagegen nichts geändert und keine neuen sagenelemente eingeführt. Nicht begründet ist die annahme, dass mit den häufigen verweisen auf *daz buoch* die originalgestalt des gedichtes gemeint sei oder dass der zweimal

begegnende ausdruck *richtêre* als „überarbeiter" zu
nehmen sei [1]).

Auch die sprache der Heidelberger hs. ist nicht
in allen stücken mehr die alte mittelfränkische. Aller-
dings überwiegen noch die mfr. elemente, ja es sind
sogar zu denselben andere hinzugetreten, welche auf
eine nördlichere gegend, also Niederfranken, verweisen
und bekunden, dass das gedicht hier einmal abge-
schrieben worden ist, vielleicht hier die interpolation
erfahren hat. Daneben sind aber die mfr. eigentümlich-
keiten (z. B. *dat* für *daz*) in grossem umfang beseitigt
worden. Der schreiber, von dem diese veränderung
herrührt — wahrscheinlich ist es der schreiber der
Heidelberger hs. gewesen — muss nach Rheinfranken
gehören, denn er setzt auch das nur diesem gebiet
zukommende *bit* für *mit* ein. In einigen punkten
nähert sich seine sprache dem oberdeutschen: häufig
t für *d*, einigemal das verschobene *pf*, zweimal *har*
für *her*. Er muss in der nähe der fränkisch-alemanni-
schen sprachgrenze zu hause gewesen sein. — So ist
allerdings eine eigentümliche mischung von sprach-
formen entstanden: man muss darauf verzichten diese
in die des originals zurück zu übersetzen, da ja dies
bereits sprachlich gemischt war. Nur bei den reimen
lässt sich meist die vom dichter gebrauchte form fest-
stellen, doch durfte auch hier consequenterweise die
überlieferung nicht geändert werden.

Ausgaben des könig Rother haben veranstaltet:
F. H. von der Hagen in den Deutschen Gedichten des
Mittelalters 1. bd. (Berlin 1808), Massmann in den
Deutschen Gedichten des XII. Jahrh. II. th. (Quedlin-
burg und Leipzig 1837) und H. Rückert (Leipzig 1872),
letzterer mit dem bestreben die ursprünglichen sprach-

---

1) Ueberschätzt wird die tätigkeit des interpolators durch Edzardi,
der ihm alle bairischen elemente zuweisen will. Dem gegenüber halte ich
daran fest, dass das gedicht im wesentlichen aus einem gusse gearbeitet ist.
Doch mag allerdings ein älteres gedicht als quelle gedient haben und
manche ungleichheiten in unsrem gedichte werden sich daraus erklären, dass
der dichter die vorlage teils in engem anschluss, teils freier wiedergegeben hat.

formen des gedichts herzustellen. An die Rückert'sche ausgabe schliessen sich an: die recension von Lambel in der Zeitschr. f. österreich. Gymnasien 1874, 168—81 und Edzardi's „Untersuchungen über König Rother", Germania XVIII, 385—453, sowie dessen aufsatz „Zur Textkritik des Rother" ebenda XX, 403—21.

Die haupteigentümlichkeiten der sprache des denkmals sind folgende.

Lautlehre. Vokalismus.

a für mhd. *o* öfters in *van, sal salt, wal* oder *wale*; vereinzelt in *antwarde, bate*.

e häufig für mhd. *i* z. b. *mer, der, helf, geberge*; umgekehrt auch *i* für *e* z. b. *wilich, liven, silve*, dazu *ie* für *i, e* z. b. *riese, lieben*.

o (*ŏ*) häufig für mhd. *u* z. b. *over, ovele, vorste*; umgekehrt *u* (*ů*) für *o* z. b. *genumen*. Der umlaut des *u* und *o* bleibt unbezeichnet.

â noch häufig, wo das mhd. den umlaut *æ* verlangt z. b. *ritâre, stâte,* besonders in den reimen. Für *ê* steht es in *kârde.* Der umlaut wird durch *ê* bezeichnet.

ê für mhd. *î* in *drê.* Durch zusammenziehung entwickelt es sich häufig aus *ie* z. b. *dê, blês, Krêchen, dênest, knê* oder aus *ei* z. b. *ên, têl, bezêchenunge.*

î vertritt auch häufig den diphthong *ie* z. b. *hîlt, dînest.* Selten für mhd. *iu* z. b. *Lîpolt.*

ô (*ŏ*) steht allgemein für mhd. *uo* z. b. *gôt, vôr,* seltener für *ou* z. b. *armbôge, stôp* oder *û* z. b. *trôrich.*

û (*ů*) neben *ô* häufig für mhd. *uo.* Fast regelmässig vertritt es mhd. *iu* z. b. *bûtit, Lûpolt.*

ei öfters für mhd. *ie* z. b. *heiz, reit, leib.*

ie entwickelt sich auch durch zusammenziehung z. b. *sien, gescien* für *sehen, geschehen.*

oi manchmal durch zutritt eines *i* zu *ô* entwickelt z. b. *schoine, doit.*

ou = mhd. *û, iu* wird vor *w* geschrieben z. b. *trouwe, rouwe.* Manchmal für *uo* z. b. *sclouc.*

In den endsilben finden wir neben dem tonlosen *e* auch *i.* Das *e* erscheint öfters da, wo es nach mhd.

regel schwinden muss z. b. *ane, bere*; manchmal werden
die einsilbigen formen aber durch den reim gefordert.
Auch volle vokale finden sich noch an dieser stelle
des wortes z. b. *erledigôt, vorderôst, dienan, trôrande,
weinunde, êrist.*

Consonantismus.

b für *m* häufig in *bit.*

p für mhd. *pf* ist regel im anlaut z. b. *plegen,
penninc.* Im inlaut erscheint es z. b. in *ritirschap,
helpen, up.*

v für mhd. *b* im inlaut ist regel z. b. *leven, wîve*;
im auslaut erscheint *f* oder *ph* z. b. *gaf, wiph.* Da-
neben nach obd. weise *b*, im auslaut *p.*

f fällt vor *t* öfters weg z. b. *bedorte, fonzên* =
mhd. *bedorfte, funfzehen.* Für *ch* einigemal einge-
treten z. b. *plaf, hofzich, lûften.*

w hat sich im anlaut vor *r* noch öfters erhalten
z. b. *wringen.* Im inlaut einigemal für *j* z. b. *môwe-
lîche.* In der hs. wechselt häufig *w* mit *v*, was nicht
beibehalten ist.

m assimilirt sich folgendes *b* in *umme* mhd. *umbe.*

th = mhd. *d*, den im mittelfränkischen im
12. jahrh. noch bewahrten spirantischen laut bietet die
hs. nur selten z. b. *gethige, Thiederich.*

d = mhd. *t* im anlaut, inlaut nach vokalen und
liquiden sehr häufig z. b. *dag, rîden, halden.* Da-
neben *t.*

t = mhd. *z* häufig in den pronominalformen *dat,
dit, it*, auch sonst nicht selten z. b. *satte, scat, liet,
vôt.* Im auslaut fällt *t* öfters ab z. b. *war(t), knech(t)*
oder wird unorganisch angefügt z. b. *Aspriân(t), sclôch(t).*
Manches ist wol nur nachlässigkeit, so jedenfalls das
fehlen des *t* im inlaut z. b. *tocher.*

sc und *sch* wechseln. Aus *s* entwickelt sich *sc*
öfter vor *l* z. b. *sclagen, wisclîche.*

st für *ft* in *bedorste* = *bedorfte*, *ht* in *vorste* =
vorhte.

n tritt manchmal für *m* ein z. b. *quan, vreissan.*

n fällt ausl. oft weg, namentlich im infin. z. b. *gezeme, habe, vermezzelîche*. Inlautend *n* nach vokal bleibt in der hs. sehr häufig unbezeichnet.

g wird für *j* im an- und inlaut geschrieben z. b. *genir, vrîge*; für im mhd. vokalisches *i* in *gehein, geman*. *g* fällt mehrmals zwischen vokalen aus z. b. *mânkraft = magenkraft*.

k = mhd. *ch* öfters in *ic, mic, sic*, sonst vereinzelt z. b. *sprac, leike*.

ch sehr häufig für das inlautende *g* geschrieben z. b. *lach, burch*. Dass *g* im inlaut überhaupt als spirant anzusehen ist, beweisen schreibungen wie *irsag = irsach*. *ch* für *k* vereinzelt z. b. *roch, starch*. Das für *f* (*virtreich, gach, wurchen*) und *t* (*hofzich, zîch, trûch, goch*) einigemal eintretende *ch* scheint lautlichen wert zu haben.

h zwischen vokalen fast immer ausgefallen z. b. *sên* oder *sien = sehen, zût = ziuhet*. Oefters wird aber die volle form durch den reim gefordert. Meist schwindet auch *h* nach *l* z. b. *befelen*, häufig vor *t* z. b. *forte, worte* und vor *s* z. b. *ses, Sassen*. Im auslaut z. b. *mar, vlô*.

Umstellungen sind bei verbindung von *r* mit einem consonanten häufig z. b. *vormig = vromig, troste = torste, vrochte = vorchte*; sogar *trûlich = tûrlîch, tôrste = trôste* wird geschrieben. Inlautend *r* nach vokalen bleibt in der hs. häufig unbezeichnet.

Flexionslehre. Conjugation.

Endungen: in der 1. sg. erscheint ausser bei *hân, gân, stân, dôn* ein *-n* auch sonst vereinzelt z. b. *virlêsen*; die 2. sg. geht gewöhnlich auf *-s* aus z. b. *liezis*, dieselbe endung erscheint oft im praet. ind. z. b. *wêres*; die 3. sg. auf *-t*, aber gewöhnlich *is* neben *ist*; die 1. pl. auf *-n*; die 2. pl. auf *-n* z. b. *sîn, nemen, liezin* oder *-t*; die 3. pl. auf *n* z. b. *gevallen*, im praes. ind. auch auf *-nt*.

Von einzelnen verben weisen folgende vom mhd. abweichende formen auf:

hân und *haven* neben einander, zu letzterem auch formen mit *e* z. b. *hevet, hebete.*

gân, stân neben *gên, stên,* und in der 2. 3. sing. präs. ind. kommt auch *geis, steis, geit, steit* vor. Prät. *gie* oder *gieng, stûnt.*

sehen (*sên, sien*) bildet sein prät. pl. meist *sâgen,* conj. *sêge.*

geschehen (*geschên, geschien*) flectirt regelmässig, doch kommt einmal ein p. p. *gescheit* vor, eine dem mfr. *geschiet* entsprechende form.

wil flectirt zuweilen nach mhd. weise, in der regel aber (selbt gegen den reim) als regelmässiges schwaches verbum: *ich wille, du willes* u. s. w.

Declination.

Von masc. hat *schô* (= *schuoch*) schwache flexion angenommen, von fem. *kemenâte, ketine, krône* u. a.

Die ntr. bilden den plur. häufig auf *-e* z. b. *bôche, rosse.*

Beim adjectiv sind folgende endungen abweichend: nom. sg. fem. und nom. acc. pl. ntr. starker flexion auf *-e*; dat. sg. masc. und ntr. st. flexion nach mfr. weise auf *-en,* daneben auf *-eme*; dat. sg. fem. schwacher flexion auf *-er,* daneben auf *-en.* — Wenn nach *ein* und dem possessivpronomen gewöhnlich die schwache form erscheint, so entspricht das der mfr. regel.

Vom personalpron. 1. 2. person erscheint dat. sg. sowoļ als *mî, dî* wie als *mir, dir,* der acc. lautet *mich, dich* (*mic, dic*). Pl. *wir* oder *wî, ir*; dat. und acc. als *uns-unsich, û-ûch* gewöhnlich auseinander gehalten. Vom geschlechtlichen pron. 3. person kommt der nom. sg. masc. als *er, her, hê* nebeneinander vor. — Der gen. dieser pron. nach mfr. regel *mînes, dînes, sînes* in der verbindung mit *selves.*

Possessivpron.: *mîn, dîn, sîn, unse, ûwe* oder *ûwer.* Für fem. sg. und pl. der 3. pers. hat sich *ir* ausgebildet.

Demonstr.: *die* (*dê*) oder *der, die* (*dê*), *dat* (*daz*). Relat.: *wie* (*wê*) oder *wer, wat* (*waz*).

Bî deme westeren mere [1])
   saz ein kuninc, der heiz Ro^uther;
in der stat zû Bâre
dâ lebete er zû wâre
mit vil grôzen êrin.   5
ime dientin andere hêren:
zwêne und sibinzich kuninge,
biderve unde vormige,
die wâren ime al undertân.
er was der aller hêriste man,   10
der dâ zû Rôme
ie intfînc die krônen.
    Rûther was ein hêre,
sîne dinc stûnden mit êrin
unde mit grôzen zuchtin an sînen hove —   15
iz nehaben die bo^uche gelogen —
daz ime dâ an gôte nihtes negebrach,
wene daz *er* âne vrouwen was.
dô rededen die jungen grâven,
die in deme hove wâren,   20
wie sê âne vrouwen
ir erbe solden bûwen.
dô dûchte sie *alle* recht,
swâr sô wâr ein gût knecht,
deme die rîche wêrin undertân   25
unde sô manic wol geboren man,
daz er ein wîp nême,
dê ime zû vrouwen gezême.

---

1) „Das adriatische meer im gegensatz zum ägäischen".

unde virsciede er ân erben,
sô wâneden sê irsterben;   30
weme sie dan die krônen
solden geben zô Ro^{u}me?
    Alsus redte der hêrre:
„ich vorchte vil sêre,
daz ic kůninges do^{u}chter gehîge   35
unde iz tan uvele gethige,
dat her ez gewreche ane mînen lîph.
gerne hetich ein wolgeboren wîph,
die van allem adele
gezême eime koninge   40
unde zô vrouwen rîchen herzogen.
ic neweiz sie neirgen in dime lande[1]),
die mir sô wol gevalle,
daz ir sie lobit alle“.
    Dô heter ein grâven   45
der half ime wol zo^u wâren
mit listen grôzer êren:
sô dienete er sîme hêren.
des quam er sît in grôze nôt.
Lûpolt heiz der helet gůt,   50
der was in Rôtheris hove
mit grôzeme vlîze gezogen,
er was sîn man unde mâc;
an deme stûnt ouch sin rat.
der was der aller getrûiste man,   55
den ie sichein rômisc kuninc gewan.
die tûren volcdegene
die giengen zô samene,
die wîsen althêrren,
die plâgen grôzer êren   60
und gôter zuchte under in.
sie nanten ein megetîn.
    Lûpolt der sprach zi aller êrist:
„ich weiz wizze Crist

---

1) Kann des reims wegen nicht richtig sein. Rückert vermutet *hove*,
das aber dem sinne nach wenig passt.

ôster over sê 65
einis rîken kuninges to^uchter vil hêr
dâ zô Constantînopole
in der mêren burge.
ir vater heizit Constantîn,
schône ist die tochter sîn: 70
siu lûchtit ûz deme gedigene,
sô daz gesterne tût von deme himele.
siu lûchtit vor anderen wîben,
sô daz golt von der sîden.
siu ist in midin alsô smal, 75
sie gezême eime hêrren wol,
unde mochte von ir adele
gezeme eime koninge.
ir dînet aller degelîche.[1]
daz wizze aber got der rîche, 80
umbe dê stât iz môwelîche,
wande ir nebat nie nechein man,
er môste den lîph virloren hân".
Alsô der kuninc dô virnam
den rât der was getân, 85
ein marcgrâve der heiz Herman,
mid deme *er* êrist reden began,
wer der bote mochte sîn,
dê ime irwurbe daz megetîn.
dô sprach der marcgrâve: 90
„ich sage dir ze wâren,
hêrre, iz to^ut Lîpolt,
die ist der van allem herzen holt
unde weit ouch wol wê ez umbe daz wiph stât.[2]
trûwen, daz is mîn rât: 95
machtû in mit minnen
in dê rede bringin,
daz er dîn bode wille sîn,
der werbit dir aller trûwelîchis umbe daz megetîn".

---

1) Gewöhnlich erklärt als — *aller degene gelich*, was aber nicht ohne
bedenken ist. Vielleicht *tegelîche* und ausfall eines verses.
2) Der vers wird von Amelung in zwei zerlegt, mit annahme eines
dreifachen reimes (*Lîpolt* : *holt* : *wol*).

König Rother. 2

Rûther sande boden drâte   100
nâch Lîpolde in eine kemenâte.
alser vor den kuninc quam gegangen,
dô war er wol untfangen.
der marcgrâve rômt ime den sto^{u}l:
daz heiz in sîn hêrre dôn.   105
Alsô Liupolt gisaz,
der kûninc gezûgelîche sprach:
„ich hân durch michele nôt
nâch dir gesant, helet gôt,
daz tû mir werbes umbe daz megetîn,   110
die dâ sô wundrinscône sî,
unde hilf mir mîner êrin:
jâ sprechint dise hêrren,
dû sîst aller best darzo^u,
helit, nû salt tûz durc dînis selbes frumicheit do^{u}n".   115
     Alsus redete dô Liupolt
(dem kuninge Rûther was her holt):
„hêrre, dune salt mich sô verre manin niet.
dîn êre sîn mir alsô liep,
daz ic dir werbe die bodescaft,   120
so ich aller trûwelîchis mac
umbe daz vil scône wîp
oder ich virlêsen den lîp.
nû heiz dir gewinnen hêrren,
die dû mit dînen êren   125
wol mugis senden
ûz disen landen,
eilf rîche grâvin,
der zwelfte bin ich zwâren.
ich wil daz have grâven îgelîch   130
zwelf rîtêr hêrlîch,
die alle sô gût gewant haven,
daz wir âne laster vor ein kuninc mugin tragen".
     Der kuninc dô sînen hof gebôt.
sowaz er vursten hete gesamenôt,   135
zwô und sibenzic krônen,
die dèneten ime scône.
den sagete hê sînen willen.

dô sprach vile manic helit snelle:
„hêrre, woldit ir mic senden   140
hinnen zoⁿ der erden enden,
daz newiderredtich durch neheinen man;
wir sulen ûch alle sîn underdân".
eilf grâven ime dô swoⁿren,
daz sie erme hêrren umbe die maget vôren.[1)]   145
sie wâren dem kuninge alle holt;
daz machete silber unde golt,
daz er in kuninclîche gap.
sie wurben des hêrren bodescap.
    Alse die vart wart gelobit,   150
dô nam swert ûfe deme hove
ein vil junger degen.
beide sabel unde kelen,
ein grâve der heiz Erewîn,
dâ mite zîrcter die rîtêr sîn.   155
die anderen hêrren dâten sam,
vil wol vazzetin ire man.
ir ros wâren alle blanc.
iz quam in nie *nichein* lant
sô manic bate wol getân.   160
sie leite ein vile listiger man,
der was dem kuninge vile lêph
unde nehâte der untrûwen niet.
    Die kîle wâren gevazzôt.
van den stade wolde Liupolt der helit gôt.   165
der kunine heiz in stille haven
und bad eme sîne harfen dar tragen.
einis zeines her ime gedâchte,
daz her sint vollenbrâchte.
er hiez die hêrren alle gân,   170
oven ûfen kiel stân,
drî leike er in nande,
die sie sint wole irkanden.
dô sprach der hêrre vile gût:
„kumit ir imer in decheine nôt,   175

---
1) Von Amelung in zwei verse zerlegt *(swôren : hérren : vôren).*

swâ ir virnemet die leiche drî,
dâ sulder mîn gewis sîn“.
des vrouwete sich manic man,
der sint in grôze nôt quam.
    Iren rûf sie dô hôben,   180
von deme stade sie vôren.
eiâ, wê die segele duzzen,
dô sie in ouwe vluzzen!
die hêrren vluzzin in dat mere.
dô stûnt der kuninc Rôther   185
unde bat got den rîchen unde den gûten
durch sîne ôtmôde,
daz er sie sande
wider heim zû lande.
er sprach: „*swer* danne wil scat nemen,   190
deme sal ich in âne zale geben;
wil er aber burge unde lant,
des gibich ime in sîne gewalt,
unz in des selven dunket vil —
wê gerne ich daz dôn wil! —   195
und helfe ime daz beherten
mit mînes silbes swerte“.
    Dô vôren die boten hûre
ûffe den sê verre
gegin Constinopole dâr zô Krûchen.   200
*ir k*iele sê dô stêzen
in daz frümede lant.
sie trôgen rîterlîch gewant
alle gelîche,
sie vôren vermezzclîche.   205
dô bat Liupolt einen koufman
eine wîle zô dem schiffe gân,
unz sie von hove quêmen,
des wolder ime wol lônen.
einen mantel her ime gab.   210
‚drî tage unde nacht
hôdich dir“, sprach der koufman,
„sowar dû wilt rîtin oder gân.
daz weiz der waldindinger got,

der mer zô lebene gebôt: 215
du hâs mir sô kuninclîche gegeben,
ich wil dîner schiffe wol mit triuwen phlegen".
    Die hêrren vazzetin sich,
alsech kan virstân mich,
daz nie vor nicheinen man 220
sô manich schône bode nequam.
ire mantele wâren gesteinit bî der erden
mit den besten jâchanden die ge dorten gewerden;
die drachen van schîren golde[1]),
alsô siez haben wolden; 225
herze unde hinden,
maneger slachte wunder
truogen die helede gôde
ûz van golde an ir gewêde.
mit samîte und pfellele 230
wâren die sadilschellen
gezîrot, dat was michil loph.
sie quâmen schône ûffe den hof.
    Die hêrren ritin ûffe Constantinis hof.
dâ intfênc man in dê ros. 235
dô lûchte manic jâchant
von ênander in daz gewant.
der tûrlîchir degen Erwîn
der hêz die zwelf rîtâr sîn
mit zuchtin nâch ime gân; 240
die anderen hêrren dâden sam,
sie gêngen alle in sunderlîch schare,
ir gewandes nâmen sie grôze ware.
dâ quam deime kuninge mêre,
daz ûffe deme hove wêre 245
ein lossam rittirschap.
eiâ, waz der kaffêre was,
die den vrouwen sageten,
wilich gewant dê geste haveten!
    Alsus redete dû gôte kuningîn: 250

---

1) Die mäntel waren am saume mit edelsteinen besetzt und mit gold-
plättchen in der gestalt von drachen u. s. w. verziert.

„nû stant ûf, herre Constantîn,
und intfâ wir dise geste.
wô gerne ich daz wiste,
wannen sie kumen wêren.
ir gewant is seltsêne.   255
swer sie hât ûz gesant
her in unser lant,
der ist ein statehafter man.
of ich mic rechte versinnen kan,
mich dunket gôt, hêrre,   260
daz wir dese boden êren.
sine sint der antworte nicht gewone,
die du tôs manigen boten vore.
ich wêne daz nie sô manic man
schône in diz lant nequam.   265
sie sint alle wol getân,
beide ros unde man.
iz nequâmen nê lûte sô wunnenclîche
in diz Constantînis rîche“.

    In den hof der kuninc gînc,   270
die helede er alle wol intfênc,
unde die gôte kuningîn,
sie hiez sie willekume sîn
alle gelîche
unde neig en gezugenlîche.   275
sich hôf ein grôz gedranc:
sie dûchte seltsêne daz gewant.
von rîtârin unde von vrouwen
dâr wart ein michil schouwen.
dô redite ein [alt]vrouwe¹) die heiz Herlint: 280
„swannen dise hêrren kumen sint,
daz ist ein wunderlîchiz lant.
sie tragen sô manigen jâchant,
gezîrôt mit deme golde;
daz daz got wolde,   285
daz wer den kuninc gesêhen,
des dise boten wêren“.

---

1) Amelung nimmt *dô redite ein altvrouwe* als besonderen vers.

Lûpolt zô dem kuninge sprach:
„nu orlôve mir mînes hêrren bodescap,
dar umbe ich bin gesant 290
her in diz lant,
daz ich der sage, hêrre gôt,
waz der ein rîche kuninc inbôt.
der ist der aller schôniste man,
der ie von wîbe gequam 295
unde verit mit grôzer menige.
ime dienent snelle helede.
scal unde vedirspil,
des ist in mînis hêrren hove vil,
ros unde juncvrouwen 300
und ander rîtâris gezouwe,
des vlîzit sich mîn hêrre.
von dû mahtû mit êren
mir irlouben mînes hêrren bodescap,
wande her weiz aller tugende kracht". 305
    Alsus antwarde Constantîn:
„nû sal iz dir irloubet sîn
durch dînes hêrren willen,
nû werph swaz dû willes.
dû bist ein wêtlîcher man, 310
dû salt mînen urlob hân".
dô sprach Lûpolt
(dem kuninge Rôther was er holt):
„nû virnim mich, kuninc Constantîn,
mîn hêrre gerit der tochter dîn, 315
der ist geheizen Rôther
und sizzit westert uber mere.
her ist ein statehafter man,
her wolde dîne tochter zô einer kuninginne hân;
und wil daz got von himele, 320
daz sie kumen zô samene,
sone gewan nie bezzer wunne
wîp mit einem manne".
    Trôrich sprach dô Constantîn
(zurnich was der môt sîn): 325
›,daz ich die rede irloubit hân,

des môz ich lange trôrich stàn.
wêre mîn siete sô getân,
daz ich sie gêbe geheinen man,
sô mochtich sie mit êren   330
senden dîme hêrren.
daz weiz aver got *der* rîche,
dû tâtes wîslîche,
dû vurreditis umbe die bodescap,
dune bescôhetis anderis nimmer mêr den tac.[1] 335
wande mîner tochter nebat nie nichein man,
er nemôste sîn hôvet virlorin hân.
sô mag iz û nicht irgân,
ir sît alle gevân
unde negesêt ûweris hêrren   340
rîche nimmer mêre".
  Der kuninc heiz die botin kêre
in einin kerkêre.
dâ wâren *sie* inne manigen tac,
daz ir nie nichein dê sunnen gesach, 345
noch den mânen sô liecht.
leider sie neheten vrouwede nicht
wone vrost unde naz.
hei wî grôz ir arbeit was!
sê hâten hungir unde nôt,   350
sie wâren nâ blîbin tôd.
die dâr heime gnôc habeten,
mit deme wazzere sie sich labeten,
daz under in swebete.
wê kûme die hêrren libeten!   355
dô weinte manic man
sînen lîb wol getân,
ir herzerûwe was grôz,
sie nehetin zô niemanne trôst.
iedoch half in got der gôte   360
durc sîn ôtmôte,

---

1) ,,Du hast weislich gehandelt, dass du vorher um die botschaft
redetest (d. h. batest, dass dir gestattet werden möchte sie auszurichten),
sonst würdest du niemals mehr das tageslicht sehen (d. h. sofort getötet
werden)".

daz sie alle samen gesunde
quâmen heim zô lande.
   Nû mugide*r* hôren mêre
dê nôte von den hêrren. 365
dô sprach der hêrre Erwîn
zô Lûpolde deme meister sîn:
„owî, lieber brûder mîn,
wie lange sul wir hie sîn?
wer helfit nû den mâgen, 370
den wir gôtis schuldic wâren
oder weme sal unser erbe
zô jungestin werde?
der Adâmen gebilidôte,
der helfe uns ûze derrer nôte". 375
dô vielen sie al in crûces stal,
michil wart der ir scal [hal],
dâ sie zô gote riefen.
wê trôrich sie weifen!
vil trûrich iz ûz ir herzen gienc. 380
etlichir in daz wazzer viel,
daz er dar inne belochen lac.
sît gesâhen sie den tac,
daz sie vrôlîche
besâzen dâ heime ir rîche. 385
   Der kuninc heiz dô hinen gân
beide mâge unde man,
daz sie die zîrheit gesâhen,
die in den kielen lâgen.
dô giengin die juncvrouwin 390
dure wunder schouwen
mit in zô den schiffen,
dâ sie daz gôt wistin.
nu nekan û nichein man gesagen
die wunder, die in den kielen lâgen. 395
dâ inne was daz golt rôt
kleine gewierôt,
nuskele unde vingerîn,
daz die botin mitsam in
hetin brâcht den vrouwen; 400

vunf dûsint bouge,
die sie al gebøn wolden,
so sie widir kêren solden;
rossekleit unde vanen
lac dâr ein michil teil ane 405
unde vêhe gezelde,
wole geworcht mit golde,
gâben in ir holden,
dô sie von lande varen solden,
die sie in selben heten irwelit. 410
dâ was manic snellir helit
vil virmezzinlîche ûz kumen,
iz nehaben dê bôche gelogen.

    Nû sagit man uns von schazze[1]) und von golde:
sower daz sien wolde, 415
des lac dâ ein vil michil magen.
der kuninc heiz iz abe tragen
und beval iz sîme kamerâre,
daz er is alsô plêge,
sowanne man iz haben wolde, 420
daz er iz haben solde,
iz wâre wâfen oder vane,
daz is icht quême dane;
swâ ein ros irsturbe,
daz ein ander widir gewunnin wurde. 425
daz gebôt er ime an sîn liben
und heiz in des sô plegen,
ob man iz immer wider gegèbe,
daz iz dâr allez wère.

    Nû wertiz jâr unde dag, 430
daz vil manic man lac
in deme kerkenêre
unde qualitin sich sêre:
grôz was ir weinen.
unde ouch Rôther dâ heime 435
vil sêre trôrôte
umbe die botin gôte.

---

1) In der hs. ausradirt bis auf ... *e.*

her wranc sîne hende
unde gedâchte in manigin ende,
wê er daz besâge, 440
wâ sîne boten lâgen.
dô giengen die alden râtgeben,
der vrunt dâ wâren under wegen,
die weinôtin vil sêre
und bâtent ouch ir hêrren, 445
daz er sie silbe gesêche,
ob sie lebende wêren.
   Rôther ûf eime steine saz —
wê trûrich ime sîn herze was! —
drê tage unde drîe nacht, 450
daz er zô niemanne nicht nesprach,
wene daz her allez dâchte,
wê er kumen mochte
zô Kriechin in daz lant,
dâ er hete gesant 455
manigin boten hêrlîch.
dô heiz er gên vor sich
Berchter einen alden man,
zô deme er allen sînen rat nam.
des sune wâren ir sibene¹) 460
. . . .
der nelegitiz ouch niergin nidere.
her sprach: „dû salt mir râtin, Berchter,
wê wir kumen ober mer
zû Constônopole in dê stat.
is daz des got gestadet hât, 465
daz der kuninc Constantîn
gehoubetit hât der boten mîn,
sone willich nimmer mêre
belîven an Rômesker erden,
êr iz ime an den lîb gât; 470
owî wê trôric her mich gemachit hât!“

_____

1) Nach v. 460 ist eine lücke anzunehmen. Wie aus v. 474 f. hervor-
geht, hatte Berchter zwölf söhne, von denen sieben sich der botschaft an-
geschlossen hatten. 1n dem v. 461 vorangehenden verse muss von der
klage Berchters um diese die rede gewesen sein.

Alsus redete dô Berchter der alde man,
(er was ein grâve von Merân):
„ich hete eilif sune hêrlîch;
der zwelte hiez Helfrich,   475
den santes dû uber Elve
mit vil grôzer menige.
dâ vôr er hereverte[1])
und manige sturm herte,
dâ er die heidinen quelete,   480
die sunder êwe leveten:
an godes dienste wart er irslagen.
den nemuge wer nummer verklagen.
nû sîn ir sîbene an desse vart.
owî daz ich ie geborn wart,   485
ich vil weineger man!
waz ich lieber kinder virlorin hân!
Lûpolt unde Erewîn
wâren die edelsten sune mîn.
sowanne ich der vunver virdage,   490
dise zwêne nemach ich nimmir virklagen.
Rôther, lieber hêrre mîn,
daz sal nû mîn rât sîn,
daz wir varen herevart
und ir beide Ungerin und Krêchen slât. 495
ich vôruch rîtâre dûsint.
mich râwent sêre mîne kint“.
Des antworde ime dô Rôther, der getrûwe man:
„des saltû imer lôn hân.
jâ hôrtich mînen vater hî bevoren sprechen, 500
sower wêre ein gôt recke,
daz her unrechte tête,
sô man ime gôten rât gêbe,
daz er des nicht nenême.
nû wil ich ûffe den hof gân: 505
wir suln iz den hêrren allen sagen
unde kunden iz gôten knechtin —
daran tô wir rechte —

---

1) Der dichter denkt an die kämpfe gegen die heidnischen Wenden;
dass er aber einen bestimmten kriegszug im auge habe, ist unerweislich.

wie iz in gevalle,
unde bedenken unsich alle.   510
wat ob ittelîcher ist,
der hât bezzere list,
dan wir uns haben genumen?
war umbe solde wir mit sô manigime kumen
hin zô Krêchen,   515
wîne wisten wêrlîche,
ob sê wâren gehoubitôd?
waz ob sie der grimmige tôt
noch hât neicht bevangin?
sôche wir sie mit here dan,   520
sô quelit men die helede lossam.
daz weiz der waldendinger gut,
der mer zô lebene gebôt,
sô rûwin sie mich sêre".
dô weinitin dê hêrren.   525
     Alsus redete dô Berther der alde man:
„kuninc, dune mochtis nimmer sô gôte sinne habe,
ichne wolde dir gerne gevolgich sîn.[1]
die leit die sîn half mîn.
nû samene, hêrre, dîne man,   530
ich wil is gerne iren rât hân,
mit wie getânen sinnen
wir Kriechen bekennen.
daz is sin, hêrre.
mich rûwent vil sêre   535
mîne sûne wol getân,
die ich wunderlîche virloren hân.
die sandich durch dîne êre.
nû wêstu, lieber hêrre,
alsô vil als ich,   540
wei iz an iren dingin kumen is,
wene gut durch sîne krefte
helfe mir schade*haft*in,
daz daz muge geschê,
daz ich mîne kint lebende gesê".   545

---

1) „Welche guten gedanken du auch haben magst, ich will dir gerne
folgsam sein". Die gleiche negativ-hypothetische ausdrucksweise auch 765.

Rôther gînc zô hove
mit deme alden herzogen
unde bat sîne liebesten man
vor sich an den rât gân.
dô dê hêrren virnâmen 550
die starken nûmare,
dà hôrde man manigin vromen man
vromiclîche rede hân,
dâ mide sie ir hêrren
hulfen grôzer êrin. 555
sie giengen zô samene
sprâchen vor die kameren.
sie reiten iren hêrren,
er solde mit grôzen êrin
in recke wîs over mere vare, 560
sô mochter sîn êre aller bezzist beware;
wente ein ald herzoge
was in Rôtheris hove,
der riet daz man iz solde irwenden.
dô half der vatir sînin kindin. 565
er sprach: „jâ du zagehafter man,
wei trostis dû an disen rât gân?"
mit der vûst er in sclôch,
daz ime ûz deme halse vuor daz blôt
und er ouch lach drîe nacht, 570
daz er nehôrte noch nesprach.
dô sprâchen Bercheris man,
her hete ime al rechte getân.
war umme her in solde sêren?
ir hêrre hete doch schaden mêre 575
dan der anderin sicheinir,
man nesolde ene nicht leiden.
Der herzoge hette den schaden,
im was ein michil slach geslagen.
die hêrren gîngen drâte 580
vor den kuninc mit deme râte
unde reditin under in,
ob er is gevolgic wolde sîn.
sie sprâchen: „wir haben einis dingis gedâcht

daz mac wol werden vollebrâcht. 585
der herverte ist ein tèl zô vil,
unde ob dû iz tûn wil;
sô machtû dich aller best bewaren,
wiltû in recken wîs over mere varen.
wande sôche wer die Kriechin, 590
daz wizzestû wêrlîche,
sie tûn uns vil zô leide,
und lebit der boden sichênir,
sie môzen alle kiesen den tôd,
des is den Kriechen michil nôt. 595
nû vôre golt unde schaz,
des ein michil mânkraft
in dîner kameren
is gelegit zô samene:
des bistu, kuninc, rîche. 600
nû teilene vrumelîche,
mîn vil lieber hêrre,
dâ mide stênt din êre.
wir nemugen mit unsen sinnin
nicht bezzeris râtis vinden. 605
nevolgis dû des nicht, Rôther,
sone kumistû nimmer uber mer".
    Dô sprach der kuninc rîche
harte willicliche:
„ir habit vrumiclîche getân, 610
ich wil û gerne volgan.
swaz mir ie war, daz was û leit.
diz ist ubergulde aller wârheit,
daz ir mir nû sô vaste bestât,
nû is mir an die nôt gât. 615
ich hân gewisse michelin schaz:
nû môze er gewinnin gotis haz,
der sîn immir icht gespare,
swilichin enden er gevare".
viere boten er dô sande 620
vil wîtin inme lande.
unde inbôt in al gelîche,
dê dâ woldin werdin rîche,

daz sie zô hove quêmen,
der dâ solde sîn zô Rôme, 625
da bedorft*er* er zô eime dinge,
daz nemochter nicht wol vullenbringen
âne gôte knechte,
iz nequême ime unrechte.
einin brief er dô sante 630
zô eime unkundigin lande:
dâ was ein riese der hiez Aspriân,
der nêmêr zô hove niquam.
durch die starken numêre
hûb er sich zwâre 635
mit unkundiger diete
vor de*n* kuninc gôten.
der vôrte riesiniske man,
die trôgin stangin vrêssam.

Des kuningis nûmêre, 640
(daz sagech û zwâre)
die irschullen harte wîde.
die hêrren begunden rîden;
dâ vazzite sich man wider man,
daz er schône zô hove quam. 645
durch daz iz ein hovesprâche was,
ir nechein iz nevirsaz.
do gewan her michele heres kraft.
sie ritin dicke scharehaft,
dô zwâ unde sibinzich krônen 650
vur den kuninc quâmen zô Rôme.
dô sân sie in deme melme gân
einin wunderlîchen man,
den nemochte nichein ros getragen,
der dûchte sie ein seltsêne knape. 655
der trôch eine stâline stangin,
vier und zweinzich ellene lange.
des wart sie ein michil kaffen an getân,
sie [1]) brâchte ein riese, der hiez Aspriân.

---

1) *sie* in v. 658. 59 muss auf die gesamte schaar der riesen bezogen
werden, von der v. 638, aber nicht unmittelbar vorher, die rede war. Viel-
leicht liegt ein fehler der überlieferung vor.

Alsô Berther die riesen an gesach, 660
nû mugit ir hôren wie her sprach:
„ich sie dûrt guote knechte,
die turrin wol vechten.
uns kumit zô vôze ein schône schare,
die sîn harte wîclîche gare. 665
mîn vil lieber hêrre,
untfâ sie nâch dînen êren.
si sint zô den brusten vil grôz.
wâr gewan ie sicheinis kuningis gnôz
sô manigin wîchgaren man? 670
swâr sie einen zorn willen hân,
sowilich in intwîchet vor der stangin
unde her in mit deme swerte gelangit,
der nedorfte umbe daz sîn leben
nimmir einin pfenninc gegeven. 675
nû vôre, kuninc Rôther,
derre wîgande zwelfe ober mere,
sone dar uns nehein man
mit sîme volke bestân,
her nemôze virlêsin den leben. 680
al sie in dê hof ungelegen,
sie sîn doch sô wîchgare kumen
dir zô helfe unde zô vromen".
Die riesen in deme melme
trôgen liechte helme 685
unde brunien snêwîze,
gewroht mit allen vlîze,
die swert zô den stangen,
dê geislen alsô lange:
daz die riemin solden sîn, 690
daz wârin ketenen îserîn,
grôze knopfe hîngen dar an.
michel wunder sie des nam,
die sê heten gisên,
waz en solde geschên. 695
sie wâfenden sich mit grimme
in die liechtin ringe,
ir gebêre wârin vrumelîche getân.

Königs Rother.   3

do irsag iz der herzoge van Merân:
vil luzzil er dô twalte,   700
unze her daz volc irrante.
her sprach: „wer hât irhaben diesin scal?
den verbêdich uber al“.
    Dô sprâchen die stormgierin:
„wir untforten gine hêrrin.   705
den sule wer unsich nîdlîche werin
durch daz wir uns generen“.
dô sprach der alde herzoge:
„sie kumint dur gôt here zô hofe.
iz ist der kuninc Aspriân   710
unde bringit riesinische man“.
wol untfênc der kuninc rîche
dê riesin al gelîche
unde manigen vromen man,
der zô sîme hofe quam,   715
unde sagete in allen sîne nôt,
die dâr hette der helid gôt.
her sprach: „nû virnimet, tûrin wîgande,
ich môz ûzime lande
in einis recken wîse varen   720
unde wille mich anderis namen.
ich wêne, der kuninc Constantîn
gehoubitit habe die boten mîn:
des is nû jâr unde dach,
daz ich ir negeinen negesach“.   725
    Do begunden die hêrren dringen
vaste zô deme ringe
unde machitin eine schare vil breit.
dô zîrete sie wîsheit,
unde reditin under in,   730
Berchter solde kuninc sîn,
biz ir hêrre quême,
wande her dêr krônen *wole* pflêge.
dô sprach der herzoge:
„ichne darf nicheinis gerichtis hie zô hove.   735
wande bevildir mir daz ûwer lant,
iz wirt beroubit unde virbrant,

virhert die marke,
virwôsten*t* [sie] vil starke.[1])
von dû kiesit û einin anderin man,   740
ich wille nâch mînen sonen varin.
nû bitit Amelgêrin,
die mach wole wesen hêrre".
deme bevâlen sie die krônin
unde daz gerichte zô Rôme   745
an eime vil schônin ringe.
her was von Tengelingin.
    Der kuninc Rôther zô ime nam
zwelf herzogen lossam
unde herzogen iegelîch   750
zwei hundert rîtâr êrlîch,
sô sie aller schônist wâren kumen.
die vil tûrlîchin gumen
under deme volcmagene,
die hôben sich zô samene.   755
dô vôrte der kuninc Aspriân
mit ime zwelf sîne man,
dâ under hette her einin riesin vreissam,
des môste man grôze hôte hân.
der gienc gebunden alse ein lewe   760
unde was der aller kûnisten eine,
der ie mûtirbarn gehiez.
swenne man in von der kitenin geliez,
deme nitete nieman einin zorn,
er nehette den lîb virlorn.   765
der was verre gegangin
v*on* der riesin lande
durch degenhête willen.
mit drouwe unde mit minnen,
sô virwant in Aspriân,   770
daz her wart sîn man.
er was vrêslîche gemôt.
Witolt hiez der helit gôt.

---

1) Warum Berchter befürchtet, dass seine regentschaft zur verheerung des landes veranlassen werde, ist aus dem gedichte nicht ersichtlich.

Der kuninc hiez daz gedigene
mit Emilgêre rîtin widere,   775
unde daz sie daz rîche
bewarten vromelîche
vor aller slachte ubelen mannin.
dô kârde der hêrre dannen
ingegin der stat zô Bâre,   780
dâr die kiele wâren
sô wîtine gereitôt,
dar inne der helit gôt
over mere solde varen.
mit golde wâren sie geladen   785
unde mit grôzer zîrheit.
samît unde pfellile breit,
den schaz man âne zale nam
unde trôg in allez daz an
ûz des kuningis kameren.   790
sie vôrtin ûffe den wagenin
hinne zô den kielen
maniger slachte gewîre.
    Der kuninc heiz ime gewinnen man,
die gôt gesmîde kunde slân   795
schône ûzer golde,
alse iz dê rîtâr haben wolden.
daz worter allez uber acht:
iz newir biz an den tûmistach
nimmer mê nichein man,   800
der suliche wunder moge begân.
    Dô wâren des kuningis kiele
gereitit vil schîre.
sîne harfen her zô ime nam.
her heiz daz lût unde die riesin in gân.   805
von deme stade sie scubin,
die sigilriemen sie zogin,
sie vôren zô Constînopole,
der vil mêren burge,
uber dê sê vil breit.   810
der kuninc gedâchte eine wîsheit.
er sprach zô hêrren allen samint:

„wir sulin in ein unkundegiz lant.
iz inist nichein kindis spil,
daz ich û nû sagin wil.   815
wir môzen mit gôtin listin
unser lîb gevirstin.
ich bitûch alle gelîche,
armen unde rîche,
heizit mich Thîderîch.   820
sone wêz nichein vremede man,
wie mîn gewerph sî getân".
des swôren sie ime eide,
die liezin sie ummeine.
sie gelobetin daz sie hietin Rôchtere Thîderîc,   825
daz dâtin die hêrren hêrlîch.
    Dô dê recken schôine
zô deme stade quâmen,
dô liefin die burgêre
durch wunderis mêre   830
unde woldin ire zîrheit gesên hân.
do begundin die riesin sân
zô vechtene an dem sande.
sich hôb die vlucht dannen.
ettilîcheme ward sô leide,   835
daz her des anderin nicht nebeide.
dô quam einir harte hestelîche
vor den kuninc rîchen.
her sprach: „owî, kuninc Constantîn,
wannen mac diz volc sîn?   840
daz veret mit sô getâner kraft,
daz iz nêman gesagen nemach".
    Alsus redete dô die kuningîn:
„wilich mach ire geverte sîn?"
dô sprach der burgâre: 845
„warumbe suldir mich des vrâgen?
wande unser was ein michil teil,
dê nê zô rechte nebesâgen den kiel.
wer vorten die vreislîchen diet,
dâ newart schouwenis niet.   850
dâr ligit ein gebunden vor sîme zorne:

wir wêrin anderis die virlorne.
ich nekan ûch nicht mêr gesagen,
war mite dê kiele sîn geladen,
wene mit îsirînen stangen,   855
grôzen unde langen.
lach och anderis iecht dar ane,
des· nekan ich û niet gesagen".
   Sie hiezin den vreissamen man,
der dâ lac gebunden an,   860
daz er an deme stade wêre
unde her des gôdes plêge.
wol gezierôt was ir lîph,
sie trôgen alle bonît hêrlîch.
sie ritin snêwîze mûle,   865
dê wâren dâ zô Krieken tûre;
manich appelgrâ march,
beide schône unde starch,
die giengen in an den henden.
den wâren dê manen bewunden   870
mit borten alsô kleine,
dâ inne was gôt gesteine.
sowar die hêrren hinin rietin,
dê riesin liefen alliz mite
in ere wîchgewête.   875
   Dâr saz in manigen rôtin
der kuninc Constantîn,
wie dê hêrren mochten sîn.
dô sprach sîner râtgeven ein:
„hêrre, dir ist uvele gescheit   880
an den boten wal getân,
die dû hâst gevangin lân.
unde sîn diz ir hêrren,
sie môigint unsich alle sêre.
des intgeldet ettelîcher man,   885
der is nie scult negewan.
die dâ mit den stangen
kumen sint sô langen,
den nemach nehein man widirstân.
dû hâst den vâlant getân".   890

Dô quan iz an einiṇ ôstertac,
daz Constantin mit scalle was
an deme Poderamis hove[1])
mit grâvin unde mit herzogin
unde mit vrîgin hêrren,   895
dê hette er durch sîn êre
heim zô sîme hûs geladit.
die wurden mit swête gebadit,
den sie von vrochten haveten,
wande die riesin gebârtin alsô sie doveten.   900
    Dô Thiederîch unde sîne man
vor den kuninc quam gegân,
eme ward ein schône dênest getân.
intgegin ine gîngen dê herzogen lossam,
unde die gôte kuningîn,   905
sie hiez sie willekume sîn,
sie neic in allen gelîche
unde intfênc sie gezoginlîche.
dô solden zwêne grâvin
Aspriânes stangin intfâhin: 910
dâ was sô vil stâlis zô geslagin,
sie nemochtin sie hebe noch getragin.
ân iren danc viel sie dar nieder,
sie liezin sie durch nôt ligen.
    Constantîn saz ûpfe sînin stôl.   915
Thiederîch gezoginlîche stûnt
vor ime an den knien.
her sprach: „kuninc, man sagete mer ie
von dir grôze vrumecheit.
leider nû ist mîn arbeid   920
alsô grôz zô mîme schadin,
daz ich in dier nimmer nemochte gesagin.
nû *ir*kinne got an mir armen man,
wande mich hât in âchte getân
ein kuninc der heiz*et* Rôther   925
unde sizzet westrit ober mer.

---

[1]) Es ist der Hippodromus gemeint, woselbst die grossen festlichkeiten
abgehalten wurden.

des gewalt ist sô getân,
ime nemach nieman widerstân.
dô her mir sîn rîche virbôt,
dô môstich iz rûmen durch dê nôt.　　　　　930
do netrûwidich in negeineme lande
mînin liph sô wol behalden,
sô hîr zô deme hove dîn.
mir is gesaget, daz dû gewaldich sîs.
mîn dienist biede ich dich an:　　　　　935
nû nim iz, *t*uginthafter man.
durch genâde quam ich here gevaren.
dû salt dîne êre an mir bewarin.
newiltû mich an dîn dienist nicht nemen,
sô môz ich Rôthere den lîph gebin".　　　　　940
　　Al dê wîle Rôther den kuninc bat,
Aspriân der riese trat
in dê erden biz an daz bein.
Constantîn ward in ein
mit den bidervisten mâgin　　　　　945
die an sînen hove wârin,
wê her dê hêrren lossam
mochte behalden.
Er sprach: „der hêrre nemach vor Rôther nicht genesen,
nû wolde er gerne mit mir wesen,　　　　　950
her bûtit sich an dê gewalt mîn
unde sagit mir ouch daz her nôtic sî.
waz wert iz umme den virtrivenen man?[1])
mir is leit daz er ie here quam;
unde die sîne ho*l*den　　　　　955
dunkint mich harte irbolgen.
die haben sô nôtliche site:
dâ stêt ein unde tredet,
der gezême wole in der helle
deme tûvile zô eime gesellen".　　　　　960
　　Dô reiten ime dê hêrren daz her ir alsô pflêge[2]),
daz sie ez vûr gôt nêmen.

---

1) „Was soll geschehen mit dem vertriebenen mann?"
2) Von Amelung in zwei verse zerlegt (*hêrren* : *pflêge* : *nêmen*).

„wir newizzen umbe Rôthere nêt.
diz ist ein vreislîcher diet,
den sul wir grôzlîche geben, 965
daz sie uns lâzen daz leben“.
Constantîn sprach hêrlîche
wider Thiederîche:
„mir râtin genôge mîne man,
wir sûlin dich minniclîche unfân. 970
ob siez aber widerredit habetin,
wei ungerne ich en¹) virsagete!
deme ellenden,
swilichen mir got gesendet,
deme wirt gedienit, wizze Crist, 975
alsô her *is* wert ist.
doch neachtich in zô nicheinen vrumen man,
der dâ ie durch rîchtôm ûz quam
her zô Kriechen in did lant.
tûre degen[e] vile balt, 980
dîn geverde daz ist grôz,
dû bist ir aller obergnôz.
nu gebût dir an dê gewalt mîn,
du salt hie silve wirt sîn,
wandiz mir zô danke is, 985
daz dû mînis gôtis gerôchis.
wer wânden daz dû gertis
einir magit wol getân,
die ich mit vlîze irzogin hân,
sô têtich also Rôthere, 990
der dich virtreib ober mere:
den hân ich iedoch bedwungin,
sîne boten sîn hier[e] gebunden
in mîme kerkenêre,
her negesiet sie nimmer mêre. 995
dar under wâren zwêne man,
daz sie ein keiser mochte hân
gerne in sîner gewalt.
sie vuortin manigin helt balt“.

---

¹) Edzardi vermutete *ez*, das zum folgenden besser passt.

Alse Aspriân dise rede virnam, 1000
den scilt er vazzen began [1])
unde vordirte sîn wîcgewê*te*.
her sprach: „man bûtit uns hî unrechte,
ir habit mînen hêrren zô swache gezalt.
Rôther sante gôte knechte in diz lant, 1005
sower die heiz binden,
des mochte her noch lîchte untgelden.
nû sî wir hî vor ûwen handen;
êr wir werdin gevangin,
daz weiz der waldindiger got, 1010
êr geligit ettelîcher tôd,
der aller tûrist wil sîn,
mir nezôbreche die stange mîn".
Snellîche her an den rinc trat.
Constantîn zô ime sprach: 1015
„hêrre, ir zurnit âne nôt,
wande ûch hî nêman missebôt.
die rede die ich hân getân,
die sulder nicht zô nîde hân.
mich mach*ten trunkin* mîne man, 1020
daz ich hûte alse ên tôre gân,
von dû nekan ich nicheime gôten knechte
geanwarten zô rechte.
mîn drouwe newart nie von sinne getân,
des geloubit *mer*, hêrre Aspriân, 1025
wan diz mer noch in deme lîbe umbe gât
unde mich sô geweldigit hât,

---

1) Vers 1002—54 bringt das Badener bruchstück in folgender umarbei-
tung: *unde vorderte sin wit gewete.* „*man biutet uns hie unrede stete*" *er sprach
zo Constantin dem kunich richen* „*ir habet minen herren Dietrichen ein tail
ze swache gezalt. Ruther sande in ditz lant chneht balt, swie ir die hiezzet
binden, die enmohtens niht erwinden. nu sin wir her entrunnen zu vru und
suln wir werden hie gebunden nu, daz weiz der waltende got, hie gelit ê manich
helt tot, der der tiurist wil sin, mir zebreste ê die stange min*". *snellechlich
er an den rinch gie. kunich Constantin in do enpfie. er sprach:* „*herre, ir
zurnet an not, wan iu nieman drot. die rede die ich han getan, die süllt ir
ane zorn lan. mich machten trunchen mine man, daz ich hiute als ein rore
gan; des enchan ich guoten chnehten nicht geantwurten nach ir rehten. min
dro wart von sinnen niht getan, daz geloubet, fromer man. wan ez mir noch*

daz ich widir ûweris hêrren man
negeine gôte rede nekan".

    Aspriânis zorn was irgân.   1030
sich herbergetin Thiederîchis man
der porten alsô nâhe,
daz sie sich wol undersâgen.
dô gîngen die kamerâre,
die mit Têthirîche dâ wâren,   1035
unde gewunnin zwelf wagine:
die gîngin sibin nacht geladene,
sie trôgin golt unde schaz
und allez daz in den kielen was,
ein vil michel macht des gôtis.   1040
dâ mite vôr ein der iz wol behôte[1]),
dene triven ses riesîn vrêsam
unde heizen ene ungebêre hân,
daz die burgêre
immer sageten mêre   1045
von Dietherîches mannen.
dô strebete her an dê lannen,
zwêne steine her in dê hant nam,
dê wrêf dier grimmiger man,
daz dar ûz vôr dû vlamme.   1050
die Kriechen hôven sich danne,
doch volgete ume manich man,
unze her vor Constantîne quam.
dô sprach ein grâve oberlût:

---

umbe gat unde mich also entwelet hat, daz ich wider iwers herren man en-
hœine rehte rede chan". Asprianes zorn was ergan. sich herbergeten Diet-
riches man zo der porte nahen hin zu, da sie alle sampt warn nu. do giengen
des chuniges kamerman unde furten den schatz allen dann unde gewungen zwelf
wagene do, die siben naht ze samene so trugen in dez kuningez palaz swaz
da an den scheffen waz. unde der des hordes alles pflach unde alle zit an dem
schiffe lach, den triben sæhs risen freisan unde hiezen in ungeberde han, daz
die burgere immer sagten mere von Dietriches mannen. do strep er an der
lammen, zwene muolsteine er in die hant nam, die zerraip der grimmige man,
daz sie gnaistoten vil wunderlichen gnoten unde ouch die flures bliche dar uz
giengen dichke. daz widersaz vil manich man er daz er fur den kunich quam.
do sprachen graven uberlut —.
    1) Widolt.

„hîr veret des tûvelis brût. 1055
mochtich die schande
immer mêr gewandelen,
sô mir daz heiliche liecht,
ichne gebeite sîn vor deme kuninge nicht".[1]
    Alsô die kuninginne gesach 1060
dene dê dar gebunden lach,
sie sprach: „sich nû, hêrre Constantîn,
hî vôren sie den meister dîn
in einer ketenen zwâren.
owî wê tump wer dô wâren, 1065
daz wer unse tochter virsageten Rôthere,
der dise virtreif uber mere.
iz[2] negewêlt nicht grôzer wîsheit.
got der môze geven leit
dîneme ungemôte. 1070
owî, hêrre gôte,
nû mochtistû dise vân oder slân,
ob wer mînen rât hedden getân.
ich wêne aber, sowes sie dich bêten,
daz dû iz vor vorchtin têtes 1075
mêr dan dur gôte.
owî, hetten sie nû mîn gemôte,
sô heizen sie in geben daz selve wîph,
dar umbe dû manegen man daz lîph
hâst benumen unde brâcht in arbeid, 1080
sô wolde ich sien dîne kundicheit.
dise nesîn dir aver kumin nicht rechte:
sie vôren gôte knechte,
mich dunkit daz sie dîne meistere sîn.
dû torstis baz in daz ouge dîn 1085
gegrîfin mit thîner hant,
den dû zornetis wider dessen wîgant
immer mit eineme hâre.
hûde ne is dîn gebâre

---

1) „Ich würde ihm (Widolt) selbst vor dem künige nicht stand halten,
falls ich die mir daraus erwachsene schande je wieder gut machen könnte".

2) „Unser benehmen Rother gegenüber"? Eher wird an einen fehler
der überlieferung zu denken sein (*wî negewêlten*).

nicht kuninclîche getân: 1090
dû zuckis dich trunkenheit an".
    Die recken stalletin ir ros
unde geherbergetin ûffe dene hof.
in er mantelin sie sich bevêngin,
vor Constantîne sie giengen   1095
harde gezoginlîche
mit eren hêrren Thiederîche.
silbe trôgen sie die swert.
under in nehette nigên werc
der unwizzende hoveman,   1100
noch nedorfte niergen zô in gàn,
wande sie vôren mit sô getânen statin,
daz den Dietherîchis gatin
nê neblûchte der tach.
sîn holde der dâ gebunden lach,   1105
der hette sich gezîrôt,
van ume schên daz golt rôt,
her trôch eine brunien guldîn,
die bezeichnôte den rîchetûm under en.
dar ober trôch der helit gôt   1110
einin stâlînen hôt,
deme was die lîste
gewracht mit allen vlîze,
gewierit vile kleine.
dô trôch her an den beinen   1115
zwô hosen schônir ringe,
die schouwetin die jungelinge.
einen gôden wâphenroch trôch er an.
dô sprâchen Constantînis man:
„hûte gesie wer daz beste gewant,   1120
daz ie quam in diz lant.
dise recken sîn alle rîche.
wer leven bôslîche,
daz wir dienin eime zagin,
der ime vil seldene grôzen schadin   1125
durch unsir siheinis willen tôt,
wande ene erbarmet zô harde daz gôt".
    Die umbehange man ûf hienc.

der kuninc Constantîn zô tische gienc
ûf ein schône palas.   1130
Constantîn dâ inne was
mit vile grôzime gedrange
von Dietherîchis mannin.
der was ein schône menige:
ein dûsint snellir helide   1135
vôrte der virtrivene
zô hove in daz gesidile.
die kamerêre quâmin,
die des gôtis plâgin,
unde satten Dietherîche   1140
harde vromiclîche;
truzzâten ande schenken,
die solden bedenken
zucht mit grôzen êren:
sie vorchten die geste sêre.   1145
    Dô zôch man vor Constantînis disch einin lewen vreissam[1]),
der newolde niemanne vor nicht hân.
her nam den knechten daz brôt,
her teten over deme disge grôze nôt.
Aspriân begreif ene mit der hant   1150
unde warf ene an des sales want,
daz her al zebrach.
wê leide ime der kuninc dô sâz!
her negeregite doch nie dê vôte.
„got môze uns gebôzen“   1155
sprâchen zwêne herzogen,
„diser hêrren hîr zô hove“.
der eine rûmite den sal
unde sagete iz deme ingesinde over al:
„dâr hât der eine vâlant   1160
den lewin geworfen an die want,
durch daz her eme sîne spîse nam.
ir sulit gewerlîche gân;
wilder mînis râdes volgen,

---

1) Rückert vermutet: *dô zôch man vor den disch des kuningis Constantînis u. s. w.*

ir vermîdet den unholden 1165
unde lâzit ene mit gemache
werven sîne sache.
hôdit ûch alle ûffe daz leven,
daz ir ime sîn brôt nicht nenimen!
begrîfet her iemanne mit der hant, 1170
her werfit ine *an* des sales want".
Die kuniginne sach gerne den zorn,
daz der lewe was virloren.
sie lachete Constantîne an:
„nû warte", sprach sie, „wie genir hoveman 1175
dîn vedirspil¹) irzogen hât,
der dâ vor deme dische stât.
ir kumet noch an die ride mîn:
jane hettes dû die tochter dîn
nicht vorloren an Rôthere²), 1180
der diese vertreif over mere.
owî, wie gerne ich noch riete,
daz man die boten liete
rîtin hin zô lande
unde vazzede sie mit gewande; 1185
sulicher slachte iz wêre,
daz man en mochte given mit êren:
wê mochte iz bat bestadet sîn?
nu gedenke, hêrre Constantîn,
daz sich dise³) nicht nemochten erweren: 1190
wê woldestû den dich vor Rôthere generen?
gedenkit her an sîne man,
sô môz dîn lant in ouwe gân;
wane givestu mir noch die haftin,
die dâr ligint in unkrachten, 1195
daz ich sie môze ûz nimen;
sie havent ein vil swâr liven".
Der kuninc, joch einer nôte,
sprach daz her diez nîne tête,

---

1) Hier so viel wie „spielzeug"; der löwe ist gemeint.
2) „Wahrlich nicht hättest du deine tochter weggeworfen, wenn du sie Rother gegeben hättest".
3) Der angebliche Dietrich und seine mannen.

ir bete wêre al verloren: 1200
sie môstin dolen sînen zorn,
iz wêre ir leit oder lieb;
sie nequâmin von Kriechen nicht,
sô lange sô er lebete . . .¹)
dô sprach aber die kuningîn: 1205
„waz wunderis wiltû an in begân?
ir vader hiez Adâm,
danne wir alle quâmin.
dû soldes gotis schônin
an der vil armer diete,   1210
unde liezis sie ûz der nôte.
nû sîn sî virswellit,
harte missevuorit.
owî des ir vil schônin lîbes!
der mir armen wîbe   1215
einin sulichen helfêre
wider den kuninc gêbe,
alsô die dâr ligit gebundin,
sô môstin sie *zô* lande.
dune rietis mir nicht so vaste mite   1220

. . . .

êr iz der âne danc wêre²),
swî schêre er iz verbêre“.
   Bercher sprach zô deme [kuninc] hêrren sîn:
„ich trôste mich an dê kuningîn.
iz kumit uns wole, daz Aspriân   1225
deme lewen sô wê hât getân.
sie vrôit sich in ir gemôte.
die anderin nerôchtin,
ob wir also verre wêrin,
daz sie unsich nimmir nigesêhin   1230
hie in ir lande.
sie gênt sô rûnande
beide ûz unde în,
wêne wir in iecht dancnême sîn.

---

1) Es fehlt das reimwort (*gen* hs.)
2) Durch den ausfall mehrerer verse ist der zusammenhang undeutlich geworden.

ir nechein newênit vor uns genesen.   1235
nû sulen sie mit genâdin wesen:
irlâzent sie der sorgin
unde var zô den herebergin,
daz die ellenden môzen genêzen
des der din vater lieze;   1240
der hie vil maniger umbe gât
unde habit vil grôzen unrât
von deme armôte.
got durch sîne gôte
der irgezze sie ir leides!   1245
jô mochtin sie heime
wole wesen rîche.
sie lieben jâmerlîche;
daz irbarmit mich sêre.
nû hilfen thur dîne êre.   1250
dû bist rîchir dan Constantîn,
war umme soldistû an sîner spîse sîn?
iz newêre uns nicht mugelîch".
dô sprach der hêre Dietherîch:
„dû hâst einin stêdigen môt.   1255
daz der got geve gôt!
swanne ich ûz dîme râte gân,
sone volgich nimer neheinen man".
    Alsô man daz wazzer genam,
Dietherîch vor den kuninc gienc stân.   1260
her sprach: „ich wolde gerne, Constantîn,
zô den herbergen sîn
mit mînent holden.
sie nemugin mer nicht gevolgen,
alsô ich hare zô hove gân.   1265
sô ist dâr vile manich man,
dâ wir al samen sîn.
nû helfet mer, vrouwe kuningîn,
wande ich vôre eine helfelôse diet:
der vromigistin nevolget mir niet.   1270
swaz sô ich der mochte haben,
die hât Rôther irslagen.
her virtreich mich ûze deme lande mîn".

König Rother.   4

dô sprach der kuninc Constantîn:
„wir virzîhent dîn ungerne.   1275
nû vare zô dînen herbergen.
gerôchis dû iecht des ich hân,
dat sal dir wesin underdân.
ich wille dich gerne miete
unde wille dir êre biete,   1280
daz du dînin hoveman
zogelîche heizis hî zô tiske gân,
wander irsrecket mir daz wîb,
die mir ist alsô der lîb.
mînen mannen nemag it nicht schade wesen, 1285
die sint is dicke genesen.
in disime sale ist iz aber selden getân“.
dô sprach der riese Aspriân:
„hêrre, iz tete mir michil nôt.
mer nam dîn berwelf[1]) mîn brôt“.   1290
  Dietherîch der hêrre
vôr zô den herbergin
unde gebârte vêrzen nacht,
alsô her wêre unstad*ehaft,*
alwante ime die ellenden   1295
got begunde senden:
den wâren die porten ûf getân,
sie liezen sie ûz unde în gân.
selve her iz in wol gebôt,
her bôttin vlîzelîche ir nôt.   1300
Berther unde Aspriân
unde andere Dietherîches man,
wol entfêngen sie die armen
anðe lêzin sich ere nôt erbarmen.
dicke richte man den tisch: 1305
dâ was daz inbiz gewis
allen die des gerôchten,
daz sie den helit gesôchtin.

---

1) Asprian nennt als ungebildeter Deutscher, der die tiere der südlichen länder nicht kennt, den löwen das ‘bärchen’. Vgl. Jacob Grimm, Reinhart Fuchs XLVII.

den bescheinete men grôze minne
unde brâchte sie alles gôdes eninne.　　1310
des was den ellenden nôt,
wandez en nieman nebôt
ovir alle die stat.
ir zôch zô Dietherîche die kracht,
die von degenheite　　1315
gelidin hatten arbeite.
sie nehatten die kleider noch die ros,
darumbe verbôt man en Constantînis hof.
des livete vile manich rîche
harte jâmerlîche.　　1320
　　Sich virstônt die nôtige diet,
dat sie dem rîchen wâren lieb,
der in Constantînis hove was.
ir zôch dar hiene ein grôz heris kraft
zô Dietherîche.　　1325
her gab en vrumelîche;
her genôzte sich in,
her sazte sie inebin in
unde hiez ir dê schenken
hôtin mit deme tranke　　1330
unde gebôt den truchtsêtin,
daz sie ir niene virgêzin.
den vremedin gesten
war die aller beste[n]
lîphnare vore getragen,　　1335
die man iergin mochte haven.
　　Alsô die hêrren geâzin,
ir leides ein teil virgâzin,
swê dâr hâte rîtâris namen,
die sundirte man dan　　1340
unde gach en gôte rosse
unde pellelîne rocke,
zô den rossin stâlîne ringe,
daz sie mit swerte nieman nekunde gewinnen.
dô trôch der riese Aspriân　　1345
manigen mantil wol getân
ûze der kamerin Dietherîchis

4*

unde vazzite sie al gelîche.
die swert her en umb bant
unde gab in die vanin an die hant. 1350
do begunden sie behurdîren
unde vrouweden sich vor lieve.
des lovete man Dietherîche
dàr zô hove grôzlîche.

Dô quam ein hêrlîch schare, 1355
die hatte sich virsûmit gare,
daz sie so lange wâren.
sie vrochtin daz man en icht gâve.
Berker gienc sê umbe
allez schouwende, 1360
wê ir gelâz wêre getàn.
dô saz dâr manich nakit man
unde schametin sich vil sêre.
dô sprach Berker zô sîme hêrren:
„nû warte zô disin armen! 1365
daz mochte got irbarmen,
sie schament sich vor schanden.
sie netragent nicht umbez lîph und in den handen.[1]
dû salt sie alle vazzen
unde reichte machen. 1370
sie sint zô deme gurtele alsô smal,
en stât er lîph harde wal.
sie vlîzen sich zû wâren
nâ rîterlîchen gebâre.
die toginlîchen blicke 1375
begân sie sô dicke,
daz iz von ungeslachte
kumin nîne mochte.
nesîn under in nicht edele man,
sô heit mir mîn hôvet ave slân“. 1380
„ich volge dir gerne“, sprach Dietherîch.
„sower sô genâde sôchit ane mich,
her vindit sie, ob iz got wil“.
dâr wart des gôdis harde vil

---

[1] Amelung: *sie netragent nicht umbe die lenden.*

den ellenden vor getragen. 1385
sie intfêngen iz al an Cristis namen.[1])
      Done stûnd iz borlange,
êr Dietherich der manne
ses dûsint gewan,
die ime wâren underdân 1390
mit dieniste aller tagelîch:
sîn ingesinde was hêrlîch.
      Dô quam ein verorloget man
zô Constantînopele gegân,
ein grâve der hiez Arnolt. 1395
der vôrde ein nôdigiz volc,
drê vrîge hêrren,
die hatten grôze êre
virloren in eren lande.
die gîngen trôrande 1400
vil blôlîche in der stat,
daz en nieman nicht negaf.
dô sprach der beste koufman,
der ie vêle gôt gewan:
„ich sie an û hêrren wole, 1405
er nesint der armôte nicht gewone.
wildir nû drâte
volgin mîme râte,
sô gât vor Dietherîche:
her helfit û vrumelîche 1410
ûz der nôte
unde gerôcht ir mînis gôtis,

---

1) Hier tritt das Ermlitzer bruchstück ein. Es beginnt mit einer ein-
schiebung; der redende ist wol Widolt: *wan wir chomen al von einem man".
do sprach der rise Asprian: „Dietrich, liber herre min, war umbe geloubestu
dich nicht sin? er ist ain schalc ungeborn; mir ist grozlichen zorn, daz diu
rede hiut wart getan. getorste ich in mit der fuoste slan, er engeriete dir
nimmer mere weder ubel noch ere".* Vom folgenden gebe ich nur die ab-
weichungen: 1387 *nicht lange do* 1388 *manne do* 1389 *wol s.* 1392 *gesinde
wart do grozlich* 1393 *Nu q. e. unchunder m.* 1394 *hinze* 1395 *A. genant* 1396
dez volch notich waz erchant 1397 *vier* 1398 *waren grozzer eren* 1399 *behert
in ir l. gar* 1400 *tr. dar* 1401 *vil bl.*] *flegende* 1405 *wol an iu herren schon*
1406 *der fehlt. ungewon.* 1409 *und giengte zuo Dietrichen* 1410 *hulf* 1411
iwer not ir herren min 1412 *min guot sol iu beraittet sin.*

ich give û ein gewant,
daz ir û so harde nicht neschamet,
daz ir sô nachit sîn".   1415
„nû lône der mîn drechtîn",
sprach Arnolt der grâve.
„daz saldû wizzen zwâren,
of mir Dietherîch genâde dôt,
ich vergelde der dîn gôt".   1420
    Der ellende grâve
nam sîne mâge
unde vôr vore Dietherîche.
der intfênc ene vrumelîche
mit gôdeme gebâre   1425
unde vrâgete ene wie her wâre.
dô sprach her trôrande:
„mich hânt mîne vîande
virtriven dur iren overmôt.
nû iz mir tûre daz gôt.   1430
swê arm sô ich sî,
ich bin doch von mînin mâgen vrî
unde hân durch genâde
her zô der gevrâgit".
„die vindistû", sprach Dietherîch.   1435
mit Berker besprach her sich,
waz sie deme hêrren solden geven,
daz her mit êren mochte nemen.
alsus riet dô der alde man:
„got hât vil wole zô dir getân   1440
mit grôzeme gôte.
nû helf in ûzir der nôte
und wiltus mînen râd haven,

1413 *iu gerne (ain) gwant allensamt* 1414 *sere* 1415 *der iwer grozzen
nachenttagen* 1416 *do hiez er eins dar tragen* 1417 *nu lon dir got sprach der
grave zu im* 1418 *und wizzest ouch zeware und vernim* 1419 *der helt* 1421
gr. da 1422 *nam do s. m. sa* 1424 *im* 1425 *m. schoner geberde ane vere*
1427 *der riwebaere.* 1428 *mine vint vertriben mich von eren* 1429 *nu ist mir guot
tiure* 1430 *dar umbe bedarf ich din sture* 1431 *und iedoch s.* 1432 *rehter
edel fri* 1433 *... her* 1434 *die vindest du sprach er* 1435 *do beriet her D.*
1436 *m. Berthere sich* 1437 *swaz . mochten g.* 1439 *also riet* 1440 *vil* fehlt
1443 *wil du ez m.*

sô heiz den schaz her vore tragin.

hîr newirt der bôsheit nicht geplegen: 1445

man sal en dûsint marc geven

und itwaz geven mêre,

sô helfit iz ouch den hêrren,

daz her den besten hof gewinne,

den man in der stat vinde". 1450

„in trouwen", sprach Aspriân

„her sal ouch mînen¹) hân,

dar inne wil ich ime, daz ist wâr,

drîezich rittâre vazzen ein jâr".

Dietherîche dûchte die rede gôt. 1455

den mêren schaz man vor in trôch

inde gaf deme edelen manne.

dô vôr her vrôlîche danne

hinne vor Constantînin

unde sagete ime unde den sînen: 1460

„diz hât mir Dietherich gegevin,

got lâze ene mit genâden lieven!"

dô sprach dê edile kuningîn:

„weiz got her mach wol edile sîn.

hîr schînit Constantînis sin. 1465

eiâ arme, wie ich nû virstôzin bin!

daz mîn tochtir deme virsagit wart,

der disen helit virtrieven hât!

dirre tôd sô vrumichlîche.

ich weiz wol, Rôther der ist rîche 1470

unde mac wol gewalt hân".

dô sprâchen Constantînis man:

„vrouwe, û ist der ride nôt.

der tûvil tô en den dôt,

die iz ie irwantin, 1475

1444 *fuor dich tr.* 1445 *der* fehlt 1447 *u. dar zuo ros diu meren*
1448 *hilf ouch ich* 1449 *gewinnet* 1450 *hie indert vindet* 1452 *mine stiure*
han 1453 *ich wil im dar zuo deswar* 1455 *der rat* 1456 *in* fehlt 1457
ellenden m. 1458 *do schiet* 1460 *und ouch* 1462 *sælden* 1463 *do* fehlt *guote*
ch. 1465 *h, sch. aber Constantin* 1466 *welher eren ich v. b.* 1470 *jener ist*
zeware r. 1471 *grozzen gewalt* 1472 *entriwen sp.* 1473 *u ist] îuch ga*
1474 *en] im* 1475 *der ez halt ie erwande.*

¹) So wird statt des *ninen* der hs. zu lesen sein. Das Ermlitzer frag-
ment bietet für diese stelle die bessere lesart.

wir wêren ûz deme lande
mit deme kuninc Rôthere.
der hette unsich widir over mere
gesant mit grôzen êren.
nû dunkit uns bezzer, *hêrre*[1]),   1480
nû des nicht nemach irgân,
daz wer werden Dietherichis man.
her gevet uns vromelîche
unde machit uns alle rîche".
Die ellende grâve   1485
nam sîne mâge
unde vôr vur Dietherîche.
her intfienc sie vrumich!*îche*
und sante in vor in dê stat.
Berker im einin hof gab,   1490
dar zô gab ime Aspriân
drîzic rîtâr lossam
mit grôzime gôte.
dô wart vaste zô môte
des kuningis ingesinde,   1495
sie newoldin nicht irwenden,
sie newurdin Dietherîches man.
dar begunden vrîge hêrren gân,
dar nâcht die edilen grâven
unde alle die dâ wâren   1500
in Constantînis hove
âne die rîken herzogen,
die irlâzis daz liet:
sie netâdens ouch nicht.
swaz der anderen vrome[2]) was,   1505

    1476 *wan wir uzzer l.*   1477 *gevarn m.*   1479 *nach g.e.*   1481 *sit des niht moht ergan*   1482 *daz* fehlt   1483 *der g.*   1486 *nam do*   1487. 88 fehlen   1489 *und fuor wider in die s.*   1492 *d. r. siner man*   1494 *vaste was in z.m.*   1496 *des niht wolten e.*   1498 *vrige]* die   1499 *edilen* fehlt   1501 *chunich C.*   1503 *die entaten sin nieht*   1504 *als uns chundet daz liet*   1505 *vrome]* da.

    1) So nach dem fragment, die hs. hat *bezzere.*

    2) Entweder als adj. zu nehmen · *vrom* oder als subst. „vorteil, nutzen" und dann zu dem vorausgehenden zu ziehen: „wie viel vorteil auch die anderen davon hatten".

die zugin hin mit heres kraft
zô Dietherîche.
her gab en tagelîche
mit golde deme rôtin
dê pellele ungescrôtin,   1510
dar zô mantele snêvare:
dar nâch hôven sie sic dare.
dô môste die riese Aspriân
dicke zô der kameren gân,
biz her sie gewerte,   1515
des sie an den hêrren gerten.
dô lovete men Dietherîche,
die hêrren al gelîche.
dâr newas ouch nichein man,
her nemochte mit êrin bestân,   1520
ob sê virsant wâren,
die sînen schaz nâmen.[1])
    Alsô die rîtâre wider quâmen
mit den schônen gâven,
dô hôb sich harde tougin   1525
daz rûnin under den vrouwin,
beide vrô unde spâde
an der vrouwen kemenâten
von deme hêrren Dietherîche,
her levete vromiclîche.   1530
„owî, wê sal ich“, sprach die kuningîn,
„irwerbe umbe den vater mîn,
daz wer den selven hêrren
gesien mit unsen êren?“
„ich neweiz in trouwen“, sprach Herlint;   1535
„dû bist einigiz daz kint,

1506 *die cherten dar alse ich ez laz*   1507 *hinze*   1508 *der . flizechliche*
1510 *den pfelle*   1511 *die mandel sneuiz gar*   1512 *da von zogten alle dar*
1514 *hinze*   1515 *untz daz*   1516 *dez man von im g.*   1517 *do lopten D.*   1518
alle   1520 *mit erin]* in *mit*   1521 *virsant] ensampt*   1524 *der gabe sch.*   1525
harde] also   1527 *beide* fehlt   1528 *an]* in   1530 *herliche*   1531 *owi* fehlt
1534 *mit]* nach   1535 in *trouwen* fehlt.   1536 *œin œin.*

    1) „Falls die fortgeschickt worden wären, die (jetzt) seinen schatz er-
hielten“? Es liegt wahrscheinlich eine verderbnis des textes vor (vgl. das
fragment). Auch das *êrin* in v. 1520 ist nicht gesichert.

dînen vater alsô lieb:
nû bitte in *einer* hôcgezîte,
daz der dene helit zô hûs neme,
zô wâren ich dir daz sagen,   1540
sô mog wir in aller best gesên,
iz nemac ouch nimmir baz geschên".
die juncvrouwe[n] gîng[in] drâte
zô ir vater kemenâtin
unde sprach: „woldi*t* er nû, vater mîn,   1545
dise pinkesten hîr heime sîn,
daz dûchte mich ein êre getân,
unde sameneten ûwere man,
daz die recken sâgin,
ob ir iecht rîche wâren.   1550
ich neweiz war zô der vurste sal,
her ne hette ettewanne schal
mit vrouweden in deme hove sîn".
dô sprach *der* kuninc Constantîn:
„wol dich, tochter, daz dû levis!   1555
wê dû nâch den êren strevis
unde rêtis ie daz beste!
ich wille haven geste,
daz man immer sagete mêre,
waz hie schalles wêre   1560
zô disen hôchgezîtin.
mîn gewalt gêt sô wîde,
virsizzit iz *danne* geman,
der môz den lîph virloren hân".
  Widir zô kemenâtin gînc daz megetîn. 1565
dô sante der kuninc Constantîn
wîde sîne mêre
unde gebôt den rîtârin
hin zô der wertschefte,
die was gelovet mit krafte.   1570

1537 *also* fehlt 1539 *wirt er d.h.* 1540 fehlt 1541 *da mugen* 1542
fehlt 1543 *do gie die j.* 1545 *si spr.* 1548 *sam taeten iwer m.* 1549 *daz*
ouch 1551 *waz ein v.* 1559 *sage m.* 1562 *witen* 1563 *geman*] *dehœin man.*
1567. 68 abweichend (... *witen* : ... *herren riten*). 1570 *geboten* nach 1571 eine
zeile eingeschoben („... *sin niht gesparn*').

her hiez sie sichirlîche varen.
dô môstin sie alle dare:
swer sich iecht sazte dar widir,
deme gebôt man iz bî der widen,
daz her gerner dar gienge, 1575
dan man in hienge.
done torstiz nieman irlân.
sich gesellete man wider man
zû sîme gelîchen.
unde vazziten sic vlîzelîche. 1580
dâr nehette nichên mantil namen,
her newêre mit golde besclagen,
unde mochte daz sô lîchte sîn getân,
daz sîn nieman niheine war neman.
die vorsten rîche 1585
hôven sich gelîche
hin zô deme Poderamus hove.
seszên herzogen
unde drîzic grâvin
mit scalle sie dâ wâren 1590
unde nuzzin Constantînis gôt,
sô man noch manichis hêrren tôt.
    Dô sie quâmin zô Constantînopole,
der vil mêren burge,
die vrostin wâren dâr ober nacht, 1595
daz man ire dâ wole plaf.
der tac begunde ûf gân.
iegelîch kamerâre nam
sîme hêrren eine stat,
die man eme von hove gab. 1600
dô heizin sie Aspriâne
daz gesidile vâhen

1572 allesampt dar 1573 sazte da wider gar. nach 1574 eine zeile ein-
geschoben (... wæren ire lide). 1575 ... des abe g. 1577 da engetorstes n.
verlan 1578 æin igelich m. 1579 zuo dem s. g. 1581 enhæin chlæitt het m. n.
1582 wol b. 1583 licht sin so g. 1584 ne fehlt 1585 fursten die richen 1586
alle g. 1587 boderames hoven 1589 marchraven 1593 ze C. furent si 1594
ze d. m. burgi 1596 daz ir nieman enpflach 1597 do der t. uf b. g. 1600 alse
man si im 1602 gegensidel.

deme hêrren Dietherîche:
dâr benketer vlîzelîche
mit aldime gestôle,   1605
daz verre was gevôrit
hie vor von ir lande:
iz trôgen elphande
wîle in den gebeine.
dar inne lac gôt gesteine: 1610
swê dinster die nacht was,
sie lûchtin alsô der tac.
her sazte einen tisch hêrlîch,
dar mochte der rîche Dietherîch
âne laster zô gân.   1615
dô was ein harte hêr man,
ein herzoge, der hiez Friderîch,
des kamerâre virsûmede sich.
der hiez Aspriâne
sîne benke rucken nâhir   1620
unde sagite ime zwâre,
wie rîke sîn hêrre wâre:
her wolde alsô tûre sîn
sô der kuninc Constantîn.
er sprach: „nû rûmit, grôze bulgân![1]   1625
wir sulin daz geginsidile hân“.
„in trouwen“, sprach Asriân,
„daz newirt nûwet gedân.
von hove schôf man mir die stat,
daz sie û nîman negaf.   1630
irhevet ir wider mich sochcinen zorn,
den mochter gerne hân virborn

1605 g. gestulet 1607 da v. 1609 in den] ze 1610 got fehlt 1611 vinster
w. d. n. 1613 uzser tische igelich 1614 riche] herre 1616 harte fehlt 1617 der
fehlt 1620 sin gestuole 1621 im groze mere 1624 sam 1625 nu r. mirz
grozzer boulan 1626 muzzin 1627 do A. 1628 ez w. nimmer g. 1630 iu si
1631 dehainen 1632 daz wirt in sicherlich verlorn.

1) bulgán ist wahrscheinlich — Apulianus, ein volksname, mit dem
sich im mittelalter eine schlimme nebenbedeutung verband (puljän ist in
der bedeutung „kuppler“ nachgewiesen). An das in einem russischen volks-
liede vokommende polkan, das weiter nichts als ein verstümmelter eigen-
name ist, darf gewis nicht gedacht werden.

biz zô eime anderen mâle,
sô iz hie heimlîcher wâre,
daz dûchte mich wîstûm getân.   1635
nû kiesit einin anderen man
unde lâzit mich mîn gestôle hân".
    Der kamerêre hêre,
der zornite sich sêre
unde trôste sich zô hundert mannen,   1640
die mit ime wârin gegangin
unde dûchtin tôrlîche getân,
daz der riese Aspriân
icht torste riden dâ widir.
her stêzt eme einin banc dar nider.   1645
Aspriân der helit gôt
die hant her ûf hôf
unde slôc ime einen ôrslac,
daz eme der kopf al zôbrach.
nâch den schilden giengin sîne man   1650
unde woldin Aspriâne slân.
der herzoge Friderîch
selve wâphinter sich
unde rief sînen sellen.
dô hôf sich ein geschelle,   1655
daz Tiederîchis kamerêre
dâ zô hove bestanden wêre
mit michilîcher kraft.
jenir der dâ gebunden lac,
der begunde bremin alse ein berc,   1660
die ketenin die zôbrach er gare
unde begreif eine stâlîne stangin
vier und zwênzic elle lange.

1634 *iu bezzer*   1635 *w. und sin*, darnach: *mir ist lait daz ich iu so
hœzzich bin*   1636 *ch. iu*   1637 *u. lat mir mine benke stan*   1638 *dez herzogen k.*
1639 *d. z. vil gewaere*   1640 *u. het zuo sinen m. trost*   1641 *daz er von in
wurde erlost*   1642 *wan in duhte*   1644 *getorste sprechen da w.*   1645 *unde s.
im œin b. nidere*   1647 *uf*] *zornlichen*   1648 *fuoste s.*   1649 *daz er schiere
nider lach*   1650 *nach s. sprungen s. m.*   1654 *u. sœhse siner gesellen*   1655
schellen   1657 *da* fehlt   1658 *micheler magenchraft*   1660 *b. grinen*   1661 *die
ketten zobrach er*   1662 *staline* fehlt.   1663 *vier und* fehlt.

swaz ime des volkes widirstiez,
wie luzzel her des genesen liez! 1665
dô sprach ein riese die hiez Grimme:
„iz wirt hie ubil inne.
ich sie Widolde varen.
nu gedenket, hêrre Aspriân,
ûwir grôzer gôte!“ 1670
mit listigeme môte
vrâgiter dene grimmigin man,
waz eme daz lût hette getân,
daz her in sô vîant sî.
„mir wart gesegit, hêrre mîn“, 1675
[dô] sprach Widolt, der helit gôt,
„sie hetten dicht brâcht an grôze nôt.
done wistich wê iz hette getân:
ich wolde sie alle irslagen hân.
wêre der danne zô iemanne zorn, 1680
der môste den lîph haben virlorin“.
„in trouwen“, sprach Aspriân,
„sie nehetten mer niecht getân
wane êre unde gôtis.
nû wîchit ûwers gemôtis 1685
unde gebit die stangin diesim man“.
ein riese sie im ûz der hant nam.
    Den herzogen hêren
rou sîn kemerêre.
daz volc al zô semene 1690
hôf sich dar zô gegine
unde wolden Aspriâne slân.
dô sprach Widolt der kône man:
„waz ist jeniz gedrenge?
owî mîner stangin! 1695

1664 *s. i. do d.* 1666 *der* fehlt 1667 *hie w. vil u. i.* 1668 *Witolf kumt
dort her gegan* 1669 *gedenche,* darnach: *daz wir in gnemen die stange oder
ir leben ist zergangen* 1670 *Asprian der g.* 1672 *fragt er* 1673 *der bovet*
1674 *waere* 1675 *du w. m. g. maere* 1677 *iu betrubet den muot* 1679 *des wolde
ichs a. e. h.* 1680 *und waere d.* 1681 *der hiet den l. schiere v.* 1683 *mir hat
hie nieman n. g.* 1684 *ere*] *minnen* 1685 *erwinde dines muotes* 1689 *k. seren*
1690 *d. v. in dem geswaere* 1691 *h. s. d. begewaere* 1693 *Witolf* 1694 *in jenem*
1695 *so we mir m. s.*

sie woldin dî schaden, hêrre,
des ingelden sie hûte vil sêre:
iz nesî daz ich irsterve,
in môz vile wê werden,
sie kumin vluchtic widir". 1700
mit der vûst slôc *er* einin dar nider
unde begreif den herzogen gôt
unde krazzitime ave den stâlîn hôt.
mit deme hâre her in ûf want,
do intfiel er eme in daz gedranch. 1705
swâ her die anderen gevienc,
wie strôdicke iz ûf gienc!
dâr wart gestôzen manic man,
daz her unsanfte nider quam.
nu neweiz ich wie ein spileman 1710
zô hove vor den kuninc quam
unde sagite ime mêre,
daz dâr grôz vechte wêre.
   Constantîn vrâgete mêre,
waz dar schalles wêre. 1715
her sprach: „daz weiz der heilige Crist,
ich sage der alsiz ist.
dâr gaf einer daz fôter[1])
mit der lengistin rôten,
die ich mit den ougin ie gesach, 1720
biz man sie ime ûze der hant brach:
dô wart her dancnême.
sie sîn ime alle gezême,
armen unde riche:
her rôfit sie vreislîche. 1725
mir is lieb, daz ich sô vrô inran,

1696 *wellent iuch slahen* 1697 *hute* fehlt 1698 *ich muoz e verderben*
1701 *er si nidere* 1702 *er b.* 1703 *brach im abe den stal h.* 1704 *bi . swanch.*
1705 *daz er im enpfiel* 1706 *swaz er der a. do gevie* 1707 *hey w. s. ez da gie*
1708 *erlupftet* 1712. 13 fehlen 1715 *geschalles* 1716 *daz] ez* 1717 *eu niht*
wan alse e. i. 1718 *ainer futer lange* 1719 *m. ainer stalin stange* 1720 *nie*
baz gemezzen sach 1721 *untz* 1722 *doch wart gestuemer sin vart* 1723 *do si*
im genomen wart 1724 *die a. zuo den richen* 1725 *rouft er* 1726 *so vro] im.*
   1) Volkstümlicher ausdruck für „schlagen", wie *eine minne schenken*,
vgl. 4311.

doch warf her mich over vêr man,
daz mîne vôze
die erden niene berôrtin.
ich stônt ime ouch vor deme liechten: 1730
her nebodorte mîn dâr zô niechte".
    Widol wart gevangin,
gebundin an die lannin.
alser zô den herbergen quam,
wie drâte iegelîch man   1735
nâ deme anderen zôch!
vor deme kuninge wart die klache grôz
over Dietherîchis kemerêre,
daz sie gerouft wêren.
„daz ist mer leit", sprach Constantîn,   1740
„nû sagit iz deme hêrren sîn.
wil her û riechtin, daz is mer lieb,
ichne underwindes mich niecht".
    Alsiz Dietherîch virnam,
her hiez zô eme sîne man gân,   1745
Widolden den kônen
ûffe den hof vrônen.
„hât er iemanne icht getân.
iz sal ime an den liph gân
zô ûwir aller gesichte".   1750
„wir irlâzin in des gerichtis",
sprach Friderîch der herzoge,
„ê der tûvil kume her zô hove,
swanner her quâme,
dâ wir in alle gesêchin".   1755
bî den henden sie sich bevîngen,
vor den kuninc sê giengen.
sie sprâchen: „neinâ hêrre Dietherîch,

1727 *virzech* 1728 *die mine* 1729 *rurten die erden unsuzze* 1730 *ouch
stundich im an d. l.* 1731 *er bedorfte* 1732 *Witolf* 1733 *wider g. zuo der
landen* 1734 *do er ze h. chan* 1737 *vor Constantin wart doch,* darnach zwei
verse eingeschoben, von denen nur zwei worte erhalten 1738 *von* 1739 *wie
sie gefræ* ... 1742 *wil erz iu* 1743 *ne* fehlt 1744 *alse* 1745 *do hiez er zw* ...
1746 *Witolfen* 1749 *daz muoze im* 1750 *ir aller* 1751 *nu e.* 1753 *daz er
immer* 1754 *van sone moh* ... 1755 *ichn ruoche in* ... 1756 *behanden* 1757
recken 1758 *und s.*

nicht neladene vore dich.

her nehât uns sulechis nicht geschadit, 1760

daz iz dir immer werde geklagit.

nû dû helith virtriven bist,

man sal dich êren, wizze Crist,

hê in diseme rîche,

daz stêt uns gevôchlîche". 1765

dô dankete *in* der hêrre.

ettelîcher forte sêre,

her wurde des roufens gedagit[1])

mit vil grôzin bûlslagen,

ob der helit kône 1770

ûf den hof quême,

dar umbe liezen sie die klage

unde swîgitin lasteris unde schaden.

Die gerouftin mit deme hâre,

die swîgitin is zwâre 1775

swilche wîs sie mochtin.

der kuninc saz in riechte[2])

unde klagitiz der kuningîn:

„eiâ arme, wie ich nû gehônit bin

an den vremeden mâgin, 1780

die here geritin wâren

ûz anderen rîchen:

die sîn sô vreislîche

beide gerouf*t* unde geslagin,

daz siez immer mugen klagen. 1785

daz hât Dietherîchis man

umme ein *ge*stôle getân.

vluchtic quâmen sie wider.

her stiez sie mit der vûst nidir,

1759 *gebiute in* 1760 *ne* fehlt 1761 *dez wir nu chla*... 1762 *sit* 1765 *d. s. hovelichen* 1767 *im sere* 1768 ... *fen hin legen* 1772 *daz chlagen* 1774 *bi d. h.* 1777 *mit trahten* 1779 *nu* fehlt 1785 *nimmer mach verchlagen* 1787 ... *sidel g.* 1788 *alle w.*

1) Wahrscheinlich *gedegit* (: *bûlsligen*) „zum schweigen gebracht hinsichtlich des raufens".

2) Wahrscheinlich entstellt aus *saz in trechten* (wie 4330. 4569. 4865) vgl. das fragment.

König Rother. 5

daz sie in deme hore lâgen. 1790

wane mochten sie umbe die schuzzen vrâgen?

die mochten sie[1] haven geschozzen,

sone hetten sie[1] is nicht genozzen,

des woldich immer vrô sîn".

„nû swîch", sprach die kuningîn, 1895

„unde lâze wir daz geschuzze.

dîn rede ist unnuzze,

hette der *der* sô nâ gesîn,

daz dû ene rechte hettis gesên,

dir negehulfe des nichein boge, 1800

dune môstis sîn' gevlogin[2]

zô aller vurdrist after wege;

unde wêre aber Rôthere gegeven

die unse tochter schône,

sone troste dich nieman hônen, 1805

her hette dir ûze sîme lande

der tûrin wîgande

gesendit, daz dich nieman

mit here torste bestân.

von dû môz ich wole klagen. 1810

nû dulde hônede unde schaden

hîr in dîme lande

von Dietherîchis manne!

Den zorn liez Constantîn bestân

unde hiez nâ sîner tochter gân, 1815

daz die magit schône

schîre zô dische quâme.

dar ane nesûmete sie nicht,

ir was ûffe den hof lieb.

die vrouwe begonde vore gân. 1820

1792 *en han erschozzen* 1793 *so enhet erz* 1796 *la varen ditz geschihte* 1797 *enwihte* 1798 *wan wær er dir so nahen gestan* 1799 *reht mohtest ge-sehen an* 1800 *so enhetest du von kainen bogen* 1801 *ouch sin geflohen* 1802 *uf dem w.* 1804 *unserr* 1805 *sin engetorsten dich niht gehonen* 1807 *die* 1808 *dekain m.* 1810 *da von muet mich din chl.* 1811 *chumber* 1812 *dinen landen* 1813 *handen,* darnach: *entriwen ez lit vil eben an er hat dir rehte getan* 1814 *stan* 1815 *noh.* Das fragment bricht hier ab.

1) Kann nicht richtig sein, da es nur auf Widolt zu beziehen ist.

2) Entstellt aus *gevlohin.*

hundert megede lossam,
die volgedin ir zwâren,
alle valehêre.
manigin armbouc rôt
trôgin sie gewîrôt.   1825
uns sagit daz liet mêre,
wie sie gevazzit wêren:
daz aller vordirste wîph
die hette gezierit den liph
mit einer krônen guldîn: 1830
daz gebôt ir vater Constantîn.
die anderen megide alle samen
die trôgin rîtârlîch gewant
von grôzeme overmôte.
cyclât der gôte   1835
der was mit deme golde
gestickit allen halven,
dar under zabil unde kelin.
sie môste manigir ane seen,
ê die vrouwe schône   1840
hin zô diske quâme.
    Dô hôf sich daz gedrenge
von manigeme snellen manne
mit deme hêrren Dietheriche:
die wâren wundirlîche   1845
gevazzit, alser vore gieng.
ir nehôrtit ê noch sint
gesagin von bezzerme gewête
dan die recken hêtin;
ir himide wâren sîdin,   1850
sie trôgin bônit guldin,
dâ inne gôt gesteine.
ein[en] karbunkul schône
ûffe Dietherîche stûnt,
der virdructe manich gesmîde gôt,   1855
daz wole gelovit wâre,
ob man dit dar inne nich nesâge.
    Wie mochtin ûffe der erden
die mantele immer werdin

bezzer mit gevôge   1860
dan die hêrren trôgen?
die inville wâren hermelîn,
dar over gezogen cyclatîn;
der in nâ bî was;
den dûchtiz schône alsô ein gras.   1865
alse die varwe virlasc,
aller steine ubirglas
lûchte von der edelîcheite sîn.[1]
wie mochte tûrirs icht sîn?
dar zû smactiz sûze.   1870
iz brâchtin blatvûze[2]
Aspriâne zô êren:
her gaf iz sîme hêrren.
von dû môstin sie al intsamt
des hêrren Dietherîchis gewant   1875
schouwin, dê dâ wâren.
von den kaffâren
virlôs die vrouwe ir hôchgizît,
daz sie niene besach des rîtâris lîph.
Die hôchgezît wâren alle   1880
drê tage volle.
alsiz an den drieten tach quam,
die varunde diet begunde gân
vor den Dietherîchis disch:
her gaf in schône, wizze Crist.   1885
den hals her neigôte,
her gaf sînin mantil gôten
eineme armen spilemanne:
her was zô heile dar în gegangen.
so tâten die anderen al intsamt,   1890
dâr nebehêlt nieman sîn gewant.
die mit ime dâr wâren,
sie nerôchtin zwâren,

---

1) Wenn die farbe des mantelstoffes wegen der entfernung nicht mehr
zu erkennen war, leuchtete der karbunkel wieder hervor.

2) Ein sagenhaftes volk, von dem im Herzog Ernst erzählt wird, das
allerdings auch schon früher gelegentlich erwähnt wird, vgl. Bartsch,
Herzog Ernst CLXIX. Die stelle ist wahrscheinlich später eingeschoben.

wie iz in ûz der hant nam:
ir mantele nequam nichên dan. 1895
  Dô scheit sich die hôchgezît.
aller mannelîch
reit zô sînin selidin,
âne Dietherîches helede:
die vôren zô den herebergen 1900
unde môstin gevazzit werden.
vrumicheit hette her dâr begân.
iz newart ouch nie nehein man,
die Dietherîche dorste bestân,
die recken namen hette. 1905
daz her sô vile getâte,
von dû lobit in daz liet.
sie nigenôztin sich alle dar zô nicht.
  Die hôfzîch was irgangen.
dô lief man wider manne 1910
zô vrôner kemenâtin
unde sagite von der gewête,
die der recke Dietherîch
hette gevazzit ane sich.
alsô der eine inne was, 1915
der ander vor den turin was ¹),
wante die magit sô vil virnam,
daz sie den tuginthaftin man
von aller slachte sinne
in iren herzen begunde minnen. 1920
noch dan was sie ime vremide:
sint gewan sie mit deme helede
manige werltwunne,
unde ouch trûbe dar under.
  In der kemenâtin wart iz stille. 1925
dô sprach die kuninginne:
„owî, vrouwe Herlint,
wie grôz mîne sorge sint
umme den hêrren Dietherîche.
den hettich sichirlîche 1930

---

1) Wol *saz*.

vorholne gern gesên
unde mochtiz mit gevôge geschên
umbe den tuginthaftin man.
vunf bouge lossam
die mochte ein bote schîre   1935
umbe mich verdienen,
der den helit drâte
brâchte zô mîner kemenâten".
„in trouwen", sprach Herlint,
„ich wille mich heven an den sint.   1940
iz sî schade oder nesî,
ich gê zô den herbergen sîn.
doch pflegit her sulicher zuchte,
daz wir sîn wâren âne laster".

Herlint gienc drâte   1945
zô einir kemenâtin
unde nam die tûrlîchen wât,
alsô manich vrouwe hât.
dar în zierte sie den lîph.
dô ging daz listigez wîph   1950
zô deme hêrren Dietherîche.
her intfînc sie vromêlîche.
vil nâ sie zô ime saz,
deme recken sie in daz ôre sprach:
„dir imbûtit holde minne   1955
mîn vrouwe die kuninginne
unde ist der vruntschefte underdân,
dû salt hin zô ir gân.
dâr wil die magit zwâre
dich selve wol infân   1960
nicht wene durch dîn êre.
aller trûwin, hêrre,
des machdû vil gewis sîn
an der juncvrouwen mîn".

Alsus ridede dô Dietherîch: 1965
„vrouwe, dû sundigis dich
an mer ellenden manne.
ich bin ouch zô kemenâtin gegangen
hie vore, dô daz mochte sîn.

war umme spozeder mîn? 1970
leider sô tôd man den armen ie.
ûwer vrouwe ingedâchte die rede nie.
hie is sô vile herzogen
unde vorsten in deme hove,
daz ir mit einen anderen man 1975
ûwerin scheimf mochtin hân,
des hettir minnir sunde.
ir virdienit daz afgrunde,
daz er mich sô tôrecht woldit hân,
ich nebin nê sô arm man, 1980
ine wâre doch zwâre
dâr heime ein rîcher grâve".
    Herlint sprach deme hêrren zô
(sie kunde ire rede wale gedôn):
„neinâ, hêrre Dietherîch, 1985
nicht nedenke des ane mich.
ich nehân is weiz got nicht getân.
mich hiez mîn vrouwe here gân:
sie nimit michil wunder,
daz dû sô manige stunde 1990
in desseme hove heves gewesen
unde sie newoldis nie gesên.
daz ist doch seldene getân
von eime sô statehaften man.
nû wîzet mer der rede nicht: 1995
der kuninginne wâre lieph,
swelich êre der geschê,
swie dû sie nie nigesê.
woldistu aber dar gân,
dune tûdis nicht ubelis dar anne". 2000
    Dietherîch zô der vrouwin sprach
(her wiste wole daz iz ir ernist was):
„hie ist der merkêre sô vile:
swer sîn êre behaldin wille,
der sal gezogenlîche gân. 2005
jâ wênit der ellende man,
daz her nimmer sô wole getô,
daz siez alle vûr gôt

nimen, die in deme hove sîn.
nû sage der juncvrouwin dîn 2010
mîn dienist, ob sie is gerôchit.
ich nemach sie nicht gesôchen
vor der missehelle.
ich vorte daz iz irschelle
uns beiden lasterlîche: 2015
sô virbûtit mer daz rîche
Constantîn der hêrre,
sô môz ich immir mêre
vluchtich sîn vor Rôthere
unde nemach mich niergin generen". 2020
    Herlint wolde dannen gân.
der hêrre bat sie dâr bestân
unde heiz die goltsmide sîn
zwêne schô silverîn
ilinde giezin — 2025
wie sie dô zouwin liezin! —
unde zwêne von golde,
alser sie geven wolde.
dô bat her Aspriân,
daz sie zô einime vôze quâmen, 2030
daz her die beide nême
unde der vrouwen gêve,
unde ênin mantil vile gôt,
zwelf bouge goltrôt:
sô sal men einir kuninginne 2035
ir botin minnin.
dô spranch sie vrôlîche
von deme hêrren Dietherîche.
    Herlint quam drâte
zô ir vrouwin kemenâten 2040
unde sagete ir von deme hêrren,
her pflêge sînir êren
harte vlizelîche.
„daz wizzin wêrlîche,
ime sîn des kuninges hulde lieb. 2045
her nemach dich gesên nicht
mit nicheinir slachte vôge.

nû warte an dise schôhe,
die gab mir der helit gôt
unde tete mir lievis genôch, 2050
unde einin mantil wol getân —
wol mich daz ich ie dare quam! —
unde zwelf bouge die ich hân,
die gaf mir der helit lossam.
iz nemochte ûffe der erdin 2055
nie schônir rîtâr werden
dan Dietherich der degin.
sô lâze[ne] mich got liebin,
ich kaffedene undankis ane,
daz ich mich is imer mach schamen". 2060
    „Iz schînit wole", sprach die kuningîn,
„daz ich nicht sêlich nebin,
nû her mîn nicht wil gesehen.
machdû mir die schô geven,
durch des hêrren hulde, 2065
die vullich dir mit golde".
schîre wart der kôf getân.
sie zôch dene guldînen an
unde nam dene silverînen schôn.
der gînc an den selven vôz. 2070
„owî", sprach die kuningîn,
„wie wer nû gehônit sîn,
dô dieser schôen lossam
ist missegrîfe getân.
ich nebringen nimer an. 2075
in trouwen dû môst hine widir gân
unde bitten Dietherîche
harde gezogenlîche,
daz her dir den anderin schôn gebe
unde mich selbe wille gesên, 2080
och her in sîme kunne
ie gôter slachte gewunne".
    „Owî", sprach Herlint,
„wie gare die laster danne sint
unser beider, vrouwe! 2085
nû wizzistaz in trouwin,

soldich immer schande hân,
ich môz abir widir gân".
dô hôb dic magit wol getân
ir wât lossam 2090
vaste an dê knê;
sie nigedâchte der zucht nie,
vrouwelîcher gange sie virgaz.
wie schîre sie ober den hof geloufin was
zô deme hêrren Dietherîche! 2095
her infînc sie vromichlîche
in allen den gebêre,
alser sie nie gesêge.
dô wiste der helit wole sân,
war umme sie dar wider quam. 2100
    Herlint sprach zô deme hêren:
„ich môz immer mêre
in bodescheffe gân.
der schôn ist missegrîfe getân.
sie sîn der kuninginne 2105
gegeven durch dînin willin.
noch solde wir den einin haven:
des heiz dich mîn vrouwe manen,
daz dû ir den anderen schôn geven woldis
unde sie gesêges selbe[1]), 2110
ob dû undir dîme kunne
ie gôt geslechte gewunnis".
    „Ich dâtiz gerne", sprach Dietherich,
„wane die kamerêre die meldin mich".
„nein sie", sprach Herlint, 2115
„mit vrouweden sie in deme hove sint:
die rîtâre schiezen den schaft,
dâr ist michil spilis kraft.
ich wil hin vore gân:
nû nim zwêne dîner man 2120
unde heve dich vil drâte
nâ mer zô der kemenâten.

---

1) Wahrscheinlich sind die reimworte ursprünglich *gêves : gesêges*
gewesen.

mit deme grôzen schalle
virmissin sie dîn alle.
ich gescheffe ein gestille 2125
von der kuninginne".[1]
    Herlint wolde dannen gân.
dô sprach der listiger man:
„nu beide des kamerêris:
ich wille nâ den schôn vrâgen". 2130
schîre quam Aspriân.
her sprach: „owî, waz hân ich der getân?
die wege ich nicht irlîdin nemac.
dû môwis mich allen disen tac
mit itenûwim mêre 2135
dan dû ie getâtis, hêrre.
ir was hie ein michel teil geslagen,
die hân die knechte zotragin.
ist ir dâr ich irvallen,
ich bringe der sie alle". 2140
dô nam Aspriân
dê anderen schôn lossam
unde einin mantil vile gôt
unde zwelif armbôge rôt
unde gab *dê* al *der* vrouwin, 2145
dô gienc sie alsô tougin
vil hatte vrôlîche
von deme hêrren Dietherîche
unde sagite ouch zwâren
ir vrouwen lieb mâre. 2150
    Der megede wartin was grôzlîch.
sich beriet der hêrre Dietherich
mit Berkere, deme alden manne,
wê iz mit gevôge mochte gân.
„vile wole", sprach der herzoge, 2155
„an deme Poderamus hove
sal ich machen grôzen schal:
dar zût daz lût ubir al,
sone wardit dîn nichein man".

---

her heiz die riesen ûz gân;   2160
selve bedacter sîn ros.
sich hôf der lût ûffe dene hof.
dô vôrte der alde jungelinc
dûsint rîtâr in den sint.
Widolt mit der stangen   2165
vôr dâr scrickande
in allen den gebêre,
alser heriz wâre.
dâ ubirwarf sich Aspriân,
der was der riesen spileman,   2170
Grimme zwelif klâfter spranc,
sô dâtin die anderin al intsamt.
her greif einin ungevôgen stein,
daz der merkêre nechein
Diederîche virnam,   2175
dô sie begunden umbe gân.
 In deme venstere die junge kuninginne stunt.
schîre quam der helit junc
over hof gegangin.
dâ wart er wole infangen,   2180
mit zwên rîtârin êrlîch.
dar gînc die recke Dietherîch,
dô wart die kemenâte ûf getân,
dar in gînc der helit wol getân.
den hiez die junge kuningîn   2185
selve willekume sîn
unde sprach, swes her dâr gebête,
daz sie daz gerne dêten
nâ er beider êren.
„ich hân dich gerne, hêrre,   2190
durch dîne vromicheit gesên,
daz ne is durch anderis nicht geschên.
desse schôn lossam
die saltu mir zien an“.
„vile gerne“, sprach Dietherîch, 2195
„nû irs gerûchit an mich“.
der hêrre zô den vûzen gesaz,
vil schône sîn gebêre was.

ûffe sîn bein sazte sie den vôz:
z newart nie vrouwe baz geschôt.   2200
dô sprach der listiger man:
„nû sage mer, vrouwe lossam,
mêre ûffe die trûwe dîn,
alse dû cristin wolles sîn —
nû hât dîn gebetin manic man —   2205
ob iz an dînin willin solde stân,
wilich under in allen
der beste gevalle“.
    „Daz sagic der“, sprach die vrouwe,
„vil ernistlîche in trouwen,   2210
hêrre, ûffe die sêle mîn,
alsich getoufet bin:
der ûze allen landen
die tûrin wîgande
zô ein ander hieze gân,   2215
sone wart nie nichein man,
der dîn genôz mochte sîn.
daz nemich an dê trûwe mîn,
daz nie nichein môter gewan
ein barin alsô lossam,   2220
daz iz mit zuchtin, Dietherîch,
mochte gesizzin ineben dich.
von dû bistû der tuginde ein ûz genumen man.
soldich aber die wele hân,
sô nemich einin helit gôt unde balt,   2225
des botin quâmin her in diz lant
unde ligin hie zwâre
in mînis vater kerkenêre.
der ist geheizin Rôthere
unde sizzet westert uber mere.   2230
ich wil ouch immer magit gân,
mer newerde der helit lossam“.
    Alsiz Diederîch virnam,
dô sprach die listege man:
„wiltû Rôthere minnen,   2235
den wil ich dir schîre bringin.
iz nelevet nichein werltman,

der mer sô lêve hette getân.
des sal her noch geniezen.
bit in die hônede liezin[1]),   2240
her bôzte mer dicke mîne nôt,
des lône ime noch got.
wir nuzzen vrôlîche daz lant
unde leveten vrôlîche samt.
her was mir ie genêdich unde gôt,   2245
allên have mic nû virtriven der helit gôt".
   „In trûwen", sprach die junge kuningîn,
„ich virstâ mich an der ride dîn,
der ist Rôther alsô leib,
her nehât dich virtriven nicht.   2250
swannen dû verist, helit balt,
dû bist ein bode her gesant.
dî sint des kuningis hulde lieb.
nune virhel mich der rede nicht!
swaz mir hûte wirt gesagit,   2255
daz ist imer wole virdagit
biz an den jungistin tac".
der hêrre zô der vrouwen sprach:
„nû lâzich alle mîne dinc
au godes genâde ande dîn.   2260
jâ stênt dîne vôte
in Rôtheris schôze".
   Die vrouwe harte irscricte,
den .vôz sie ûf zuchte
unde sprach zô Dietherîche   2265
harde blôtliche[2]):
„nune wart ich nê sô ungezogin;
mich hât mîn ubermôt bedrogen,
daz ic mîne vôze
sazte in dîne schôze.   2270
ande bistû Rôther sô hêr.
sone machtû, kuninc, nimir mêr

---

    1) „So lange als ihn die hochfahrende gesinnung frei liess", d. h. bis
diese herrschaft über ihn gewann.

    2) So mit Edzardi für *boltliche* der hs. *baltliche* „geschwind, rasch"
bei Rückert passt nicht.

bezzer tugint gewinnen.
der ûz genumener dinge
hâstû von meisterschaf list. 2275
sowilchis kunnis dû aber bist,
mîn herze was ellende.¹)
unde hette dich got nû her gesendet,
daz wêre mer innenclîche lieb.
ich nemach is doch getrûwen niet, 2280
dune scheinis mir die wârheit.
unde wâriz dan al der werlde leit,
sô rûmde ich sichirlîche
mit samt der die rîche.
sus ist iz aber immir ungetân. 2285
doch nelebet nichein man
sô schône, den ich dâ vor nême,
ob dû der kuninc Rôthere wêrist".
    Alsus redite dô Dietherich
(sîn gemôte was harte listich): 2290
„nu*ne* hân ich vrunde mêre
dan *die* armin hêrren
in deme kerkenêre.
swâ mich die gesêhin,
dâr mochtis dich an en virstân, 2295
daz ich der wâr gesagit hân".
„in trouwin", sprach die kuningîn,
„dê irwerbich umbe den vatir mîn
mit ettelîcheme sinne,
daz ich sie ûz gewinne. 2300
her negevet sie aber nicheinime man,
her nemôze sie ûffe den lîph hân,
daz er nichein intrinne,
biz man sie abir wider bringe
in den kerkenêre, 2305
dâr sie mit nôtin wâren".
    Des antwarte dô Dietherîch:
„ich wil sie nemen ubir mich

---

¹) Schwerlich mit der hs. und Rückert *hellende,* das als „einen laut
von sich gebend", „laut ankündigend" zu nehmen wäre.

vor Constantine deme rîchen,
morgin sichirlîche   2310
sô sal *ich* her zô hove gân".
die vrouwe alsô lossam
kuste den hêrren.
dô schiet her danne mit êren
ûz van der kemenâtin   2315
zô den herbergen drâte.
alsô daz Berker gesach,
wie schîre der rinc zclâzen was!
dô sagete der hêrre Dietherîch
die mêre alsô wunniclîch   2320
deme tûrlîchen herzogen.
des begundin sie beide got loven.
    Die juncvrouwe lac uber nacht.
wê grôz ire gedanke was!
alsiz zô deme tage quam,   2325
einin stab sie nam
unde slouf in ein swarziz gewête,
alse sie sich gewîlôt hette,
einin palmen sie ober ir achslen nam,
alse sie ûz deme lande wolde gân,   2330
unde hôb sich vil drâte
zô iris vater kemenâten
unde klopfete an daz turlîn.
ûf dete dô Constantîn.
alsô hê die magit an gesach,   2335
wie listichlîche sie zô ime sprach:
„nû gebût mir, hêrre vatir mîn,
môter, er sult gesunt sîn.
mir ist sô getroumôt,
mer nesende der waldindiger got   2340
sînin botin underdân[1]),
ich môz in abgrunde gân
mit levendigen lîphe,
des nist nehein zwîvil.
is nemac mich nêman irwenden,   2345

_____

ich newille daz elelende
bûwin immir mêre
zô trôste mînir sêle".

    Trûrich sprach dô Constantîn:
„neinâ, lêve tochter mîn,   2350
sage mir waz dû willis,
jâ wegich der dir helle".
„vater, daz ist immir ungetân,
mir newerden die botin lossam:
die wil ich vazzen unde baden,   2355
daz sie genâde môzen haven
an ir armin lîve
ettelîche wîle.
ich negerer nicht wane drîe tage,
sô werden sie dî widir aber   2360
zô deme kerkenêre".
Constantîn der mêre
sprach, dat her daz gerne dête,
ab· sie einin burgin hetten,
der sie ûffe den lîf torste nemen   2365
unde sie ime widir mochte geven,
daz ir nichein intrunne.
dô sprach die magit junge:
„ich bitis hûte sô manich man,
daz sie etelîcher môt bestân,   2370
des lîf ist alsô tuginthaft,
deme dû sie mit êren geven macht·'.
dô sprach Constantîn:
„daz tôn ich gerne, tochter mîn".

    Der zît iz nâôte   2375
vil harde genôte,
daz Constantîn zô tiske gienc.
Dietherîch des. nicht neliez,
her quême mit sînin mannen
vor den kuninc gegangen.   2380
dô man daz wazzer nam,
die juncvrouwe lossam
gînc vor deme tiske umbe
heize weinunde,

ob sie iemanne sô lêve hette getân,⁣   2385
der die botin lossam
ûffe den lîf torste nemen.
ir nechein torste sie des geweren:
herzogin die rîchin
virzigint ir gelîche,   2390
biz sie zô den recken quam,
mit deme die rât was getân.
dô sprach die migit êrlîch:
nu gedenke, helit Dietherîch,
aller dînir gôte   2395
unde hilf mir ûz der nôte.
nim die botin ûffe daz levent,
die heizit der die kuninc geven.
irzagit sîn mînis vater man:
sie neturrin sie nicht bestân.   2400
doch sol die edelecheit dîn
mit samt mir geteilit sîn,
daz ich der genieze.
swê gerne dû daz liezis,
dich nelâze[n] dîn tuginthafter môt!   2405
dû salt mich geweren, helit gôt“.
„gerne“, sprach Dietherîch,
„sint irs gerôchit ane mich.
iz negât mir nicht wene an den lîph;
doch werdich dîn burge, schône wîph“.   2410
    Die botin gab dô Constantîn
Dietherîche ûffe den lîf sîn.
der hêrre sie dô obernam.
dô volgetin ime des kuningis man
zô deme kerkenêre,   2415
dâr sie mit nôtin wâren.
die ellenden haftin
lâgin in unkreften
unde leveden bermelîche.
Berker der rîche   2420
stûnt unde weinôte,
dô her den schal gehôrte.
den kerkenêre man ûf brach,

dar in schein dô der tac.
schîre quam in daz liecht, 2425
des newârin sie gewone niecht.
    Erwîn was der êrste man,
der ûz deme kerkenêre quam.
alsen der vater an gesach,
wie grôz sîn herzerûwe was! 2430
her kârte sich hine umbe
unde wranc sîne hende,
her netorste nicht weinen
unde nestûnt ime nie sô leide,
sint in sîn môter getrôch. 2435
Erwîn der helit gôt
was von deme lîphe getân
alsô von rechte ein arm man.
    Sie nâmin die zwelf grâvin
ûz deme kerkenêre 2440
unde iegelîch sînen man.
die rîtàr alsô lossam,
sie wârin swarz unde sale,
von grôzen nôtin missevare.
Lûpolt der meister 2445
nemochte nicht geleisten
wan ein bôse schurzelîn,
daz want her umme den lîph sîn.
dô was der weinige man
harte barlîche getân, 2450
zoschundin unde zeswellit.
Dietherîch der helit gôt
stûnt trôrich von leide
unde newolde doch nicht weinen
umbe die botin lossam. 2455
Berker der alde man
gînc al umbe
die haften schouwende:
done ruwen in nichein dinc
harter dan sîne schônen kint. 2460
    Dietherîch der hêrre
heiz die botin hêren

vôren zô den herbergen sîn,
wan Lûpolt unde Erwîn
die liez man eine gân,   2465
daz er neplaf nehein man.
dô sprach Erwîn der mêre:
„Lûpolt trût hêrre,
sie*s* dû einin grâwin man
mit deme schônin barte stân,   2470
der mich schouwete
wunderen nôte?
her kârte sich umbe
unde wranc sîne hande,
her netorste nicht weinen   2475
unde nestûnt ime doch nie sô leide.
waz ob got der gôte
durch sîne ôtmôte
ein grôz zeichin wil begân,
daz wir kumin hinnen?   2480
daz is wâr, brôdir mîn,
her mach wole unse vatir sîn“.
dô lachetin sie beide
von vrouweden unde leide.
    Die ellenden geste   2485
wârin hanfeste[1])
biz an den anderen dach.
die juncvrouwe eren vater bat,
daz her sie lieze dare gân,
sie wolden selve dienan.   2490
orlof er der kuninc gaf.
wê schîre sie over hof getrach[2])
zô deme hêrren Dietherîche!
dô hiez man al gelîche
die vremedin rîtâr ûz gân.   2495
dâr nebeleib nichein man
wan der verchmâge
die uber mere *wârin* gevarin.

---

1) Wol: R. in die hand gegeben und nur so gebunden.

2) *getrach* kann (vgl. einl. s. 13) sowol = *getraf*, als — *getrat* sein. Letzteres ist vorzuziehen wegen der verbindung mit *zô*.

den botin also lossam
den legete man gôt gewant an 2500
unde vazzede sie vlîziclîche.
daz quam von Dietherîche.
der tisc wart gerichtôt.
Berker der helt gôt
was trochtsâze 2505
die wîle sîne kint âzin.
    Alse die hêrren gesâzen,
ir leides ein teil virgâzen,
dô nam die recke Dietherîch
cine harfin, die was êrlîch, 2510
unde scleich hinder den ummehanc.
wie schîre ein leich dar ûz klanc!
swilich ir begunde trinkin,
deme begundiz nidir sinkin,
daz er iz ûffe den tisc[e] gôz. 2515
swilich ir abir sneit daz brôt,
deme intfiel daz mezses durch nôt.
sie wurdin von trôste wizzelôs.
wie manich sîn trôren virlôs!
sie sâzin alle unde hôrtin 2520
war daz spil hinnen kârte.
lûde der eine leich klanc:
Lûppolt ober den tisch spranch
unde der grâve Erwîn,
sie heizin in willekume sîn, 2525
den rîchen harfêre
und kustin en zwâren.
wie rechte die vrouwe dô sach,
daz her der kuninc Rôther was!
    Alse die juncvrouwe hinnin widir quam, 2530
dô liez man die botin ûz gân
allenthalven in die stat,
daz ir nêman neplach.
dô merketen iz des kuningis man
unde sagetin iz ir hêrren sân. 2535
„nû nerôchit“, sprach Constantîn,
„ich bevalch sie eme ûffe daz leven sîn.

her pleget sô gôter sinne,
ir nemach ime nichein intrinne".
der kerkenêre wart gero^{n}môt, 2540
alse die juncvrouwe gebôt.
dô drîe tage irgêngin,
die botin sie aber viengen
unde legetin sie zwâren
widir in den kerkenêre. 2545
michil bettewâte
unde ander gôt gerâte
wart in virholene dar în getragin,
(dô môsten sie genâde haven)
similen unde wîz brôt, 2550
des was den helidin vil nôt.
die juncvrouwe heiz ênin man
zô Dietherîchis herbergen gân,
der grôb ein hol zô berge
von deme kerkenêre, 2555
swar sie woldin hinnin kêren.
dô lâgin die haftin
in sanftin unkreftin.
die botin lâgen dâr alle
zwênzich tage vulle 2560
unde haveten grôzen wirtschaf.
sie wunnen an dem lîve kraft.
    Dô hôb sich under deme himele
von zwein unde sibinzic kuningin
von *wôster* Babilône[1]) 2565
zô Constantîno deme kuninge
die aller gôrziste hervart
die *iergin* gewart.
Ymelôt[2]) gerte sîn zô man,

---

1) Babilon in der wüste ist Kairo.
2) Jedenfalls identisch mit *Nibelôt*, der im Biterolf unter anderen
heidnischen königen genannt wird. Vers 295 f.: *Man saget von Nibelôte daz,
wie er ze Bárŷse saz in einem richen lande; den ich vil wol erkande. der
machte himele guldin, selbe wolde er got sin, mit kraft er tôte tûsent her; ez
mohte nieman keine wer wider in gefüeren, ez getorste ouch gerüeren mit strîte
nieman siniu lant.*

her was ein heidin vreissam, 2570
ime nemochte nicht widirstân,
her wolde die rîche alle hân
bedwungin mit grôzir gewalt.
uber al uncristin lant
sone virsaz neiman sîn gebot. 2575
her wolde selve wesen got.
Simelîn heiz sîn wîb.
her virlôs zô Jêrusalêm sint den lîph.
      Dô quam ên îlinde man
vor deme volke gevarin 2580
zô Constantînopole,
der vil mêren burge,
unde sagete deme kuninge mêre,
wie nôt ime wêre,
ob her sich mochte irweren, 2585
in sôchte ein kreftigiz here.
alsus rededе dô Constantîn:
„wer mochte sô rîche sîn,
der mich torste bestân"?
dô sprach der gâhinder man: 2590
„dîn grôze overmôt
der nis zô nichte gôt.
in trouwen sie havent genendôt.
iz is der hêrre Ymelôt
von wôster Babilônie. 2595
zwêne unde sibinzic kuninge
die sôchen daz lant dîn.
ich sach die vorreise sîn,
sô manich zelt ûf geslagen:
sie mugin wol zênzic dûsint haven". 2600
      Deme kuninge wurden swâre
die starken nûmêre.
Dietherîch der helit gôt,
der trôste wole sînin môt.
her sprach: „halt dich wole, Constantîn, 2605
unde gib mer ûffe den lîph mîn
die ellenden haftin
ûz den unkreftin.

hettin sie ros unde gewant,
under in is manich helit balt.   2610
dar zô besende dîne man,
wer sulen ingegin in varen".
„nû lône dir got" sprach Constantîn,
„ich bevalch den kemerêre mîn
beide ros unde gewant   2615
daz sie brâchtin in diz lant.
iz wirt in allez widir gegeven,
nû dû, tûrlîchir degin,
mit mir wênigin man
in derre nôte wilt bestân".   2620
  Constantîn gienc drâte
nâ Dietherîchis râte
unde sante wîde in daz lant.
dô quam vil manich helt balt
zô Constantînopole,   2625
der vil mêren burge;
innirthalp drin tagin
dô mochter vunfzic dûsint haven.
dô giengin îlande
die tûrin wîgande   2630
unde nâmen die zwelf grâvin
ûz deme kerkenêre
unde iegelîch sînen man.
wie schîre iz allez widir quam
daz sie brâchtin in daz lant!   2635
Dietherîch der helit balt,
die nam sie zô sîner schare.
dô wârin sie dâr hêrlîche gare
ûffe rossen snêblanken.
daz was deme helide wal zô danche.   2640
  Den heleden vil jungin
giengen die ros in sprungin.
dô brâchte Dietherîchis vane
zwênzic dûsint lossam
in breiten blickin uber lant.   2645
manigin gôtin wîgant
vôrte der kuninc Constantîn

ingegin die vîande sîn.
sie ritin wol sibin nacht
ingegin der heris kraft.   2650
die zwêne unde sibinzich kuninge
von wôstir Babilônie
die ligetin sich alsô nâhe,
daz sie den rouch gesâgen
von den herbergen.   2655
dô hôben sich die sorgin.
dô gaf in Dietherîch den trôst:
her herbergete dô aller vurderôst
mit den sînin heleden
inzusken der menegin.   2660
    Schîre viel die nacht an.
dâr bevâlen Constantînis man
einin anderen die kint unde wîph.
ir nichein trôste sich an den lîph.
Dietherîch unde sîne man   2665
begunden rûninde gân
unde rietin an die heidenschaf,
die dâr lach mit heris kraft;
wilich êre in daz wêre,
ob sie den kuninc mêren   2670
âne Constantînis schadin
gevâhin mochtin odir slân.
„introuwin" sprach Widolt,
„kume wir in daz volc,
sie sîn uncristine diet,   2675
ich newerdin borsenfte niet,
des sulin sie vil gewis sîn.
unde lâzet man mî die hende mîn,[1)]
iz môz en an den lîph gân".
dô wâfende sich Aspriân,   2680
unde zwelf rîtâr lossam
sluffen in er wîcgewant.
in was zô deme storme harte lieb.
dô schein ein halsperg liecht,

---

1) wol vrî.

die trôch der helit Aspriân. 2685
iz nelevet nichein sô kône man,
der ime widirstieze,
daz hern ginesin lieze
under der heidinschefte.
sie hôbin sich mit krefte. 2690
    Der herzoge von Merân
heiz Dietherîchis man
vlîzelîchen wachen
unde grôzen schal machin.
her sprach: „mîn hêrre mit den sînin 2695
wil zô Constantîne,
der hât nâ ime gesendôt“.
dô was vil manic helit gôt
wol gewâfint an den wîch:
iz newiste niemannis lîph, 2700
wan die verchmâge,
die over mere wâren gevaren.
    Dietherîch gînc zô den rossen sîn.
dô lûchte ein brunie guldîn
án. daz marc lossam. 2705
die trôc der zurnigiste man,
der von Adâme
zô der werlde ie bequême,
unde eine stangin vreissam,
dane mochte nicht vor bestân, 2710
die trôste[n] Dietherîches volc:
daz was der helit Widolt.
Lûppolt der getrûwe man
sprach zô den riesen al:
„ir in den halspergin liecht, 2715
nune kumit ûz der dicke niet,
daz sie icht zô verre schînin“.
Dietherîch mit den sînin
der reit umbe die heidenschaft,
die lag mit heris kraf, 2720
unde begonde vrâgen,
wâr sîn hêrre wâre;
her hette sich virsûmôt,

her brâchtime manigin helit gôt.
dô zeigite man zô manne,   2725
unzer zô Ymelôte quam
in ein zeilt lossam.
daz swert zuchte Aspriân
unde hiez in vil stille stân,
ob her den lîph wolde hân.   2730
der kuninc dô nicht nesprach,
alser die stangin an gesach,
die dûchtin harde vreissam:
gevangin was der rîke man.
    Dietherîch unde sîne man   2735
begundin deginlîche gân
under eine dicke schare,
dâr valtin sie daz here gare.
Widolt gab die stangin
nûvet ûz den handin: 2740
swaz her der heiden ane quam,
die slouc her alse ên donir sân;
swâr er zô der dicke quam,
dâr slouc her ûffe den man,
daz sie al zescreitin   2745
alsô ein stôp daz dô hine weite.
    Die zwelf riesen vreissam,
die sclôgin manichen man.
die heidin vlûn durch nôt,
sie jagete der grimme tôth.   2750
Widolt wart gevangin,
gebundin an die lannin.
Dietherîch der hêrre
vôr zô den herbergin
in allen den gebêren,   2755
alsiz ime nicht geschên wêre.
    Dietherîch heiz sîne man
zô den herbergen gân,
swaz schalles sie vernêmen,
daz sie icht zô den rossen quâmen.   2760
dô rief der wachtêre
obir daz here mêre:

„wol ûf, hêrre Constantîn,
ich hôre die vîande dîn
mit grôzeme schalle: 2765
ich wêne sie here wollen".
wê sêre sie irquâmen,
dô sie die vlucht virnâmen
von der heidenschefte,
die dâr lâgin mit heres krefte! 2770
Constantîn wart gewafenôt
unde vil manich helit gôt.
dô sprachin sumilîche:
„nû siet zô Dietherîche,
her ligit dâr alse ein bôse zage, 2775
swie her uns here gewîsit hevet;
von den untrûwin sîn
sît ir virrâtin, hêrre Constantîn".
    Constantîn dô rande,
als ime daz marc irhancte 2780
vor ein gezelt êrlîch:
„wol ûf, her Dietherîch!
die heidin willin uns bestân.
hie nâchet der tôth manic manne".
lûte rief Ymelôt: 2785
„hêrre, ir spotit âne nôt.
hînacht zô mittir nacht,
dô ich in mîneme bette lac,
dô quam ein vreislîcher man
unde trouc mich under sînen arme dan. 2790
mir sîn die mîne gar irslagin,
sie nemugin dir nicht geschadin".
    Alse daz Constantîn virnam,
dô kêrte her vrôlîche dan
unde sagite sinen mannen: 2795
„Ymelôt is gevangin!
daz hât Dietherîch getân.
nû môzin sie lasterlîche stân,
die den hêrren âne nôt
zô verre habin gevalscôt 2800
mit grôzeme unrechte".

dô gîngin gôte knechte
zô deme hêrren Dietherîche
unde danketin ime grôzlîche.
daz march virleiz Constantîn,　　　　　　　　2805
ze vordirst her in daz gezelt gînc.
die hande nam her vor sich.
her sprach: „got lône der, hêrre Dietherîch,
daz dû mit dînin mannin
den kuninc hâst gevangin.　　　　　　　　2810
eiâ tûrlîcher degin,
wilich êre dir ist geschein!
hettich nû sigein gût,
des dir immir wurde nôt,
daz sal der wesen undirtân“.　　　　　　　　2815
ir aller sorge was irgân.
　　Der tac begunde ûf gân,
dô salite *man* manic man.
Dietherich der wîgant
nam Ymelôtin bî der hant　　　　　　　　2820
unde vôrtine vor Constantîne,
her bevalch in ime unde sînin.
dô sprach der listiger man:
„wir soldin einin botin hân,
der den vrouwen sagete　　　　　　　　2825
waz wir gevromit hebetin“.
„introuwen“, sprach Constantîn,
„der bote saltû selve sîn
durch mîner tochter willen,
unde sage der kuninginne　　　　　　　　2830
unde den vrouwin allin samt,
wî rîtin in daz lant
vil harte vrôlîche.
dîn volc sumelîchiz
lâz mit mir hei bestân“.　　　　　　　　2835
dô sprach der listige man,
daz her gerne dête,
des in der kuninc bête.
Dietherîch gînc dannen
mit sînin heimlîchen mannin　　　　　　　　2840

unde sante daz volc zô des kuningis vanin,
her bat sie grôzen danc haven.
zô ime nan her sîne man,
swaz ir ober mere quam.
den kûnin her sagete   2845
wes her willin habete.
die tûrin wîgande
hugitin dô zô lande.
   Dannin vôr dô Dietherîch.
ein zeichin daz was hêrlîch   2850
brâchter zô Constantînopole,
der vil mêren burge.
mit den sînin mannin
her sprach wêre intrunnin.
dô weinte dê vrouwe kuningîn: 2855
„jariâ, wâ is Constantîn
unde die wîgande
ûz von manigeme lande?
Dietherîch, lieber hêrre,
gesê wir sie immir mêre?“   2860
„nein ir, daz weiz got,
sie hât geslagin Ymelôt
unde rîtit dâ here mit heris kraft.
her wil zevôrin die stat.
ich netrûwe mich nicht irweren: 2865
nû môz ich vliezin ober mere.
beide wîb unde kint,
wâ sie in der burg it sint,
sie kiesint alle den tôt.
sie irslêt der kuninc Ymelôt“.   2870
   Dô nam daz Constantînis wîb
ir tochter die was hêrlîch
unde bâtin Dietherîche
beide grôzlîche,
daz her in hulfe ûz der heidinschefte,   2875
die dar quâmen mit heres krefte.
dô heiz der listige man
die zelder alsô lossam
der kuninginne dar zêhen

unde vôrte sie zô den kielen. 2880
dâr mugit ir geloubin
von manigir schônir vrouwen
weinin unde hantslagin.
sie nemochtin nicht gedagin.
er zôch ein michil maginkraft 2885
nâ Dietherîche ûz der stat.
sie woldin alle ûffe den mere
vor Ymelôte den lîph generen.
dô trôste sie der karge man,
her hetiz durch eine list getân. 2890
  Dietherîch heiz sîne man
vil drâte in kêl gân.
Aspriân, der helit gôt,
den kamerschaz[man] dar în trôch.
sie gêhetin alle ûffe daz mere. 2895
dô heiz der kuninc Rôther
die môter an deme stade stân,
die tochter in den kiel gân.
ir weinin was grôzlîch.
sie sprach: „owî hêrre Diederîch, 2900
weme wiltû, tuginthaftir man,
unsich armen wîph lân?"
sus sprach die gôte kuningîn:
„nû nim mich in den kiel dîn
zô miner tochter lossam". 2905
dô sprach die listige man:
„vrouwe, ir solit ûch wol gehavin,
Constantîn nis nicht geslagin.
Ymelôte hân wir gevangin,
iz ist Constantîne wol irgangin. 2910
hê rîdit here zô lande
mit lieven êrande.
her komit ovir drî tage.
ir mogit eme wêrlîche sagin,
sîn tochter sî mit Rôthere 2915
gevaren westene over mere.
nû gebût mir, vrouwe hêrlîch!
jone heizich niuwit Dietherich",

„Wol mich" sprach die kuningîn,
„daz ich ie gewan den lîf mîn.   2920
nû lâze dich got der gôde
durch sîne ôtmôde
die mîne tochter lossam
lange mit gemachin hân.
daz ist wâr, tûrlîcher degen,   2925
sie wêre der samfter gegevin,
dan dû si hâst gewunnin,
inde stundiz an mînin willin.
swie Constantîn nû den lîf
quelede umbe daz schône wîf,   2930
daz ist mir daz minnist,
nû dû Rôther bist.
nû vare, tûrlîcher degin,
Sante Gilege môze dîn plegin".
dô sprach daz schône megetîn: 2935
„gehavet ûch wole, môder mîn".
die vrouwen alsô lossam
gîngin lachende danen
ûf den Constantînis sal
unde gunden Rôthere wol,   2940
daz in got gesande
mit êren heim zô lande.
    Alse Rôther over mere quan.
dô wart die vrouwe lossam
swanger einis kindis,   2945
einis sêligin barnis.
dô was Emelgêr dôt,
die lant alle verstôrôt
van ses margrâvin,
die woldin Hademâren   950
zô eime koninge hân genomin unde gelovet:
dê was ein rîche herzoge,
geboren von Diezen.
die Rôther gehiezen
trouwen biz hê quême,   2955
die wertin die krône
deme rîchen ervelôsan man,

unze *Wolfrât* daz swert genam
a*n* ênim schônim ringe,
der was van Tengelinge,   2960
des koningis Amelgêres sune:
iz nequam van eineme [sînin] kunne
alsô manich tûre wîgant.
beide liude unde lant
die beherte der tûre man,   2965
biz Rôther wider quam.
    In strîde lâgen die lant.
Rôther der wîgant
liez die wechmûdin
luzzil gerûwen;   2970
hê môste durch gerichte varen.
hê heiz die vrouwen bewaren
Lûppolden den getrûwen man.
die andre rîtâre lossam
zô den rossin wâren sie gerech.   2975
dô reit dâr manich gôt knech
bit Rôthere ingegin Berne
unde strichen durch die berge.
die riesen hetten grôzen nôt,
sie liefen alle gewâfenôt.   2980
d*er* reise Wolfr*ât* enerwant,[1])
dô wîster over lant
eine vil breide menie
Rôthere zô gegine.
her infienc in mit êren   2985
alsô van rechte ein man sînen hêrren.
    Sich hôf der lût over den dôz.[2])
dâr wart der scal harde grôz,
dâr der hêre Constantîn
reit ûf den hof sîn   2990
zô Constantînopole in der stât.
der ko^uninc hastelîche sprach,

---

1) „er unterliess nicht den auszug, unternahm ihn". Andre versuche
dem corrupt überlieferten verse aufzuhelfen, sind: *die riesen Wolfrât an*
erwant (Rück.) „er traf auf die riesen" oder *die reise W. an erwant* (Edzardi).
    2) *over den dôz* ist nicht genügend erklärt.

wâ sîn tochter wêre,
daz hê sie nicht insêge.
des antwarde die kuningîn: 2995
„gehalt dich wale, Constantîn.
geinir rîtâr êrlîch,
der *sich* dâ nante Dietherîch,
daz was der koninc Rôther
unde hât gevôrt over mere   3000
mîne tochter unde dîn.
wie mochte sie baz bostadet sîn?
si wil der listigc man
zô eineme wette hân,
biz ime wirt gelônit   3005
des hê der hât gedienit.
her hât uns rechte getân.
wir hetten wonderlîchen wân;
wat recken mochte dâr sô rîche sîn?
ir sît gewarnet, Constantîn: 3010
kome û imermêr gein vertriven man,
dâ solit ir ûch baz vor warnan".
    Constantînis gemôde
sich verwandelôde,
her begunde sêre weinin   3015
inde quelite sich von leide.
hê sprach: „owî, vrou koningîn,
nû rouwet mich die tochter mîn,
die der kuninc Rôther
hat gevôrt over mere.   3020
nu ist iz mich dûre bestân,
waz sô her gaf gehênin man".
her viel van leide in unmacht.
dô zouch der burgêre kraf
ûz der stat mêre.[1])   3025
ire rôfin was mêregrôz.
wê wal des Ymelôt genôz!
der sîn solde plegin,
der zouch dur wunder after wege

[1) Eine zeile ist ausgefallen.

unde wolde gerne hân gesien, 3030
waz dâ wêre gescien.
Ymelôt mit listin
begunde den lîf vristin:
dô Constantîn dâr nider lach,
Ymelôt hûf sich ûze der stat, 3035
in eime sciffe hê intran
unde vôr bit koufmannin dan
zô der wôsten Babilônie,
danne sîch manigen koninge
von ime begeginde grôz herzeleit: 3040
des gewonnin ouch die reckin michel arbeit.
    Alse Constantîn zô ime selven bequam,
dô rief man wider man,
dê aldin und die jungin:
„Ymelôt ist intronnin". 3045
„jâriâ" sprach Constantîn,
nû nemit scaz, vrouwe koningîn,
unde gevit den wîgandin
unde vromit si heim zô lande,
of hê mich hie nâ bestê, 3050
daz mir des volkis ich zegê".
si was des goldis milde,
si legedit ûf die scilde;
vorsten den rîchen
gaf si rîclîchen 3055
unde lônede den gôdin knechtin,
alse man noch van rechtin
plegit grôzer êren.
zô lande riden die hêrren.
    Dô die grôze menie 3060
gerûmde deme koninge,
dô sprac ein spileman:
„hêrre, dû salt dich wol gehân!
lônis dû mir, Constantîn,
ich brenge dir die tochter dîn. 3065
wir môzin aver einin kiel havin,
die maniger hande wondir trage,
golt unde steine,

wazzerperlīn kleine,
scarlachin unde pellen. 3070
swer dâ koufen wolle,
daz wir des gôde stade hân.
seszich rîtâre lossam
die solin derinne verholne sîn.
die juncvrouwe, Constantîn, 3075
bedrûgit die seltsêne *wât*,
dat sie lîchte in den kiel gâ*t*
unde schouwet mîn krâmgewant,
sô vôre wir si in daz dîn lant.
nû sprich waz dû mir biedis; 3080
unde behaget mir die mêde,
ich sezze in urteil den lîf,
ich nebrenge der Rôtheres wîf“.
„Genâdhe, hêre“ sprach Constantîn,
„ich wîse dich ûf den scaz mîn. 3085
des nim dir, trûtgeselle,
swê vile dû willis.
mir ist zô der verde lief,
ich neversûme dich mînis dankis nich“.
der sigel zô deme kêlə 3090
wart gereit schîre,
dar în trouch man golt rôt,
alse der koninc gebôt,
nuschen unde bôge unde hârbant,
seltsêne krâmgewant, 3095
daz sante Constantîn
mit râde nâ der tochter sîn.
daz gôt begunde man zô tragin:
scîre wart der kiel geladhin.
veren unde spileman 3100
hûven sich alle dar an,
ingigin Bâre sciften over mere.
dô was der kuninc Rôthere
hine zô Rîflande[1)]
mit sînin vîanden. 3105

---

1) Das ripuarische Franken.

dâr richte der gôde keiser
widewin unde weisin.
Dô die leide Kriechin
ze Bâre zô stiezin,
ûz gienc der spileman   3110
unde trûch der kiselinge an
vêre, die her anme stade vant.
listich was der vâlant.
nû siet war zô hê sê wolde
oder wê si koufen solde!   3115
Des morgins alsiz dagede,
der spileman havede
behangen sîne krâme
mit gewête seltsêne.
dô giengin die burgêre   3120
ûz der stat ze Bâre.
sie veilsceden golt unde pellin:
„wie biedet ir dat, geselle?"
dane was nechein sô tûre dinc,
her negêvit umbe einin penninc.   3125
dô dûchte die burgâre,
daz hê ein tôre wâre.
si kouften sîn gewête,
swat hê gôtes hette.
einer die kiselinge gesach,   3130
her sprach: „geselle, war zô wollit ir daz?"
dô bôit hê einin an der stunt
nit wan umbe dûsint punt
des allir bestin goldis,
des die vrouwen tragen woldin.   3135
dô sprach der burgâre,
dat iz sîn spot wêre:
„ir lieget deme dûvele an daz bein,[1])
diz dunkit mich ein bôse veltstein".
    „Entrouwen", sprach die spileman,   3140
„ir havent ime unrechte getân,

---

[1] „ihr macht mit euren lügen dem teufel zu schaffen". Aehnlich
schweizerisch „dem teufel ein ohr ablügen".

ir velschedin âne nôt;
hê ist ze manigin dingin guot.
nême in ein koningîn an die hant,
her lûchte ovir al diz lant. 3145
nêman ersturve:
ê hê begraven wurde,
man solden dar mide bestrîchin,
sô leveder sicherlîche;
nieman inis halz noch krump, 3150
hê newurde sciere gesunt,
gerôrde in die koningîn
mit deme gôden steine mîn;
si soldiz aver in disme sciffe dôn,
over it nis chein vrome dar zô. 3155
hette wir einin krumbin man,
inde wolde die koningîn dar în gân,
[in] nesî it dan nûwit wâr,
dat ich û gesagit hân,
sô heizit mich vân 3160
unde up ein boum hân“.
    Dô sprach ein rîtâre,
dê geweldich was ze Bâre:
„ich hân zwei wênige kindelîn,
die ein jâr gelegin sîn, 3165
die wir ie môstin tragin:
ich willit mînir vrouwen sagin.
wat of si durch ire gôde
gebôzet der selver nôde?
gehilfet in der dîn stein, 3170
daz sie geint wider heim,
ich geve der gôtes suliche kraft,
swaz dû is gevôren macht“.
„liegich“, sprach der spileman,
„heizit mir mîn hôvet ave sclân. 3175
mir ist der lîf sô lief,
ich negeven dir sô niet“.
sîne vronde hê dô nam,
seszên koufman,
unde gienc vor die vrouwen stân. 3180

do infienc in die rîche
harde gunstelîche
in allen den gebêre
alser ein hêrre wêre.
   Dô bat her die kuninginne   3185
durch sancte Pêtres willen,
dat sie ûf hulfe zwên haften
von grôzen unkreften.
„daz sîn, vrouwe, mîne kint,
die lange krump gelegin sint.   3190
hie steit ein *kiel* bî deme stade,
dar sal ich si up heizin tragin.
dâr liget gesteine dat ist gôt
unde bôzit manigen sîner nôt.
nemet ir einin, vrouwe, an die hant,   3195
hê lûchtet over alle die lant,
swilich man erstervit,
ê hê begravin werde,
woldet ir in dar mide bestrîchin,
hê levede sân vrôlîchen.   3200
nêman nis halz noch krump,
hê newerde zô hant gesunt,
alse uns gener geseget hât,
dê si hât here brâch.
her sprichit, insî iz niuwit wâr,   3205
daz ich û gesagit hân,
daz ic in hêze vân
unde ûf einin boum hân.
versôchtez, vrouwe, durch got!
is wirt û wol gelônôt,   3210
unde trôstet mîne arme kint,
die nû lange gelegin *sint*,
wand ich weinger man
sîn dâ michel leit hân".
    „Nû dû mich", sprach die koningîn,   3215
„biddis durch unsin trechtîn,
ich newille dir nit versagen.
nû heiz die kint zô deme sciffe tragin".
Lûppolt was ûz gegân;

zwênzich rîtâr lossam 3220
volgeden der vrouwen zô deme kiele.
dar quâmen *d*ie siechen scîre,
den sû dâr gôt solde sîn.
in den kiel trat die koningîn.
„wol ûf" sprach der spileman, 3225
„zô den Kriechen wille wir varen.
siet wâr daz wîf stât,
die uns here gemout hât".
dô sprungin vil scîre
die Kriechen zô deme kiele, 3230
die krumben wurchen sie an daz stat,
gêneme wart der hantslach.
die der vrouwen soldin plegen,
die vôrden die Kriechen after wege.
nû siet zô deme vâlandas man, 3235
wê hê dat wîf gewan!
    Die Kriechen hûven sich dan.
die vrouwe vrâgede den spileman,
wie in dare sante
zô deme selvin lande. 3240
„daz dede mîn hêrre Constantîn,
der lieve vater dîn
sante uns over mere".
„owî koninc Rôthere"
sprach daz wênige wîf, 3245
„wie dû nû dînen lîf
beginnis quelin umbe mich,
sô duon ich mînin umbe dich".
    Die vrouwe*n* gehâtin sich ovele.
zô Constantînopile 3250
vôrde sie die spileman.
wie scîre nûmêre quam,
den vorsten wêre gelungin!
aldin unde jungin
heizin sie willekomin sîn. 3255
in den kiel trat Constantîn
unde nam die tochter bî der hant
unde *vôrde* sie ûf daz lant.

hê halste sie unde kuste;
wie wol in des geluste! 3260
die môder weinende gênc,
ir tochter sie ungerne infienc.
swaz die môder redde,
die tochter iz alliz dolete.
Constantîne was vil lief, 3265
her in*achte*¹) ûf ire sprechin nit,
hê liez si swîgin unde dagin,
biz si is gnôch mochte havin.
  Do erscal daz nûmâre
ovir al die stat zô Bâre, 3270
daz die vrouwe was verloren.
si vorten Rôtheres zorn:
beide wîf unde man,
sie woldin alle in wech gân.
dô quam der helit Lûppolt 3275
unde trôste daz trôrige volc,
hê bat sie dâr belîven:
des inwêre negein zwîvel,
hê negewonne die hulde,
daz Rôther die sculde 3280
an ir negeime rêche
oder icht[es] leides sprêche.
dô vielen al gelîche
die burgêre alsô rîche
zô den vôzen Lûppolde. 3285
sie sprâchen, swaz hê wolde,
des volgeden sie ûf sînen trôst.
ir sorgen wâren vile grôz.
dô sprach der hêrre vile gôt:
„got helfe uns ûzer nôt! 3290
mînes hêrren trûwe is sô vile,
wir genesen wol, of iz got wil".
  Von dem tage over siven nacht

---

1) So wahrscheinlich mit Bartsch für *inhatte*, da *ûf enthaben* „auf-
halten" sonst nicht vorkommt. Im folg. v. vielleicht *swîgin unde clagin*
(dann auch *mochten* 3268), was erlaubte *si* auf tochter und mutter zu be-
ziehn.

dô quam mit grôzer heres kraft
Rôther der hêrre   3295
unde vant leide mêre.
Lûppolt der getrûwe man,
der gienc vor *die* hêrren alle stân
unde sprach zô deme koninge hêrlîch:
„ich hân mich, hêrre, wider dich   3300
ovele behalden, Rôthere.
dîn wîf ist wider over mere.
daz havet Constantînis man
mit grôzen listen getân.
nû vortich, hêrre, dînen zorn,   3305
daz mer der lîf sî verlorn.
hie steit mîn brôder Erwîn.
hê lach durch den willin dîn
zô Kriechen vil manigen tach,
daz hê die sunne nie gesach.   3310
mochte wir sîn geniezen,
daz ir genesen liezin
eine vil unsculdige diet:
die nehât dir getân nich.
ich nam die burgâre,   3315
die woldin ûzer Bâre
alle iren wech gân;
ûf mînin trôst sîn sie hie bestân.
ich bin eine sculdich wider dich,
dû solt richtin over mich.   3320
daz ist billîch unde recht.
waz bedorfte ein gôt knecht
rîchetûmes mêre,
behêlde hê trûwe unde êre?
nû ich des nîne hân getân,   3325
nû lâz *iz* mir an den lîf gân“.
    Nû vernemet wie Rôther sprach,
deme daz herzeleit gescach.
vor den hêrren allin samt
nam hê Lûppolde mit der hant   3330
unde kuste en vor den munt sîn:
„gehave dich wole, neve mîn,

war umbe quelis dû den lîf?
iz levet sô manich schône wîf.
is uns aver sichein guot   3335
von der vrouwen geordinôt,
daz mach ze jungest wal irgân.
swîch, dugenhafter man.
vorchtes dû mînen zorn,
sô wêre dîn dienest ovele verlorn,   3340
daz dû mir dicke hâst getân.
jâ lêge dû, helt lossam,
zô Kriechen dritehalf jâr
dînes lîves harte ungewar,
unde manich rîtâr êrlîch.   3345
gezornitich immir widir dich,
sô dâdich alse Jûdâs,
der sich selvin virlôis.
dû salt den burgêren sagin,
daz sie sich alle wal gehaven".   3350
    Dâr hôrde manich gôt knecht
Rôtheres lantrech
unde wie sîn zorn was getân.
der herzoge von Merân
gienc gezogenlîche   3355
vor den koninc rîche
unde lachede vor lieve:
„nû lâze dich got verdienen,
daz dû Lûppolde hâst getân,
an mir armen man.   3360
hûde hât dîn trûwe
die aldin zucht genûwet,
der dîn vatir plegete
die wîle daz hê levete.
unde wâre mîn lîf zwâre   3365
alse vor vonfzich jâren,
so verdiendich dise êre
unde edlîche mêre.
nune mach des leider niwet sîn.
nû hât der kuninc Constantîn   3370
etelîcheme gemachet mo^u —

dar gedenket, jungelinge, zô! —
die hie intgegenwart stân.
daz ist des vâlandes man.
ich gemezze, Rôther,   3375
wir solin mit kreften over mere.
mir nist der bart nie sô grâ,
daz ich hie heime bestâ".

„Wâr sint nû", sprach Aspriân,
minis hêrren Rôtheres man,   3380
den hê ie sîn gôt gaf
unde den kreftigen scaz?
nu bedarf her *er* an der nôde".
dô drungin helede gôte
vaste zô deme ringe   3385
. . . .[1])
unde erven manich lantrecht.
dàr lovete manich gôt knecht
Rôthere deme rîchen
harde vromelîche,
quêmez ime an die nôt,   3390
sie rieden mit ime an den dôt.
lûde rief Widolt:
„hie ist ein hêrlîcher volc,
lant unde mâge
sezzent sie an die wâge   3395
durch dînen willin, Rôthere.
wir solin dir helpin ovir mere.
swer dir icht dienet,
deme wirt wal gelônet.
uns havint Constantînis man   3400
ein grôz herzeleit getân.
genuzzen si des, daz wêre mer zorn,
sô hettich och einin michelen louf verlorn".[2])
    Dô sprach der helit Wolfrât:
„nû iz Widolt gelovet hât,   3405
daz wir deme koninge Rôthere

---

1) Es fehlt wol nur ein vers, etwa: *sie woldin gôt gewinnen*.
2) Wahrscheinlich sprichwörtlicher ausdruck.

solin helfen over mere,
ich vôre ûzer mîne*n* lande
der tûren wîgande
eine michele scare,   3410
zwelif dûsent rîtâre wale gare.
Lûppolde zwâren
wil ich sîn êre waren.
der hêre ist mîn konlinc.
iz ist ein cristenlîch dinc,   3415
daz beide brôdere unde neven
bit ein ander rechte levin.
swer den vront durch sîn eines rât
verlâzet, so iz ime an die nôt gât,
geswiche her deme lantman,   3420
her hette michel baz getân.
Berker der rîche
der tede vromelîche:
dô mîn vatir was virtriven,
hê gewan ime sîn lant wider,   3425
hê erslûch Elvewîne,
einen herzogen van Rîne,[1]
der was ein vreisclîcher man,
her hâte uns michil leith getân.
von den sculdin sîn,   3430
Lûppolt, trût neve mîn,
sô wil ich imer dir bî stân
die wîle ich daz levin hân“.
sus vermaz sich in deme ringe
der hêre von Tengelinge.   3435
    „Wâr sîn mîne mâge unde man?
wir sulin sicherlîche varen
in daz Constantînis lant“
sprach Lûppolt, der helet balt.
„nû *mîn* neve Wolfrât,   3440
alser gelovet hât,
rîdet heim ze lande

---

1) Die sage berichtet sonst nichts von einem herzog Elvewin. Un-
statthaft ist es an den longobardenkönig Alboin zu denken, oder gar
Berchter mit dessen mörder Peredeo zu identificiren.

nâ den wîgande,
sô vôrich helede junge
zô der samenunge   3445
ûz der stat zô Meylân,
die ich von Rôthere hân,
zwênzich dûsint manne
mit snêwîzen bronien.[1])
des sî ein tach gesprochin   3450
van hûte ober zwelf wochin
her zô Bâre ûf den sant".
daz gelovete manich wîgant
vor Rôthere deme rîchen
harde vromelîche.   3455
dô sprach der herzoge von Merân:
„zwênzich dûsint lussam,
der salt dû wartin, Rôthere,
von mir ze volleist over mere.
ich gelove dir an die trûwe mîn,   3460
widervert mir Constantîn,
deme wert lîchte ein swerdis slach,
daz hê gedenken nîne mach,
of ime dî tochter ie wurde lief —
stervich ê [dan], des inmach ich dan nicht —:   3465
daz inwîze mir negein man,
wande hê hât mir michel leit getân.
mich dwingit noch die alde nôt,
daz hê Lûppolde sô hât gemarterôt".
    Die hêrren lâgen over nacht   3470
ze Bâre in der stat.
des morgenis rûmpten si den sant.
dô strichen vorsten over lant,
Lûppolt gegen Meylân,
Berker ze Merân.   3475
dô reit ein helit junge
gegen Tenge[n]lingen,
daz was der helit Wolfrât,

---

1) Da wie aus 3550 f. hervorgeht, Berchter mit seinen kindern zu-
sammen nur 20,000 mannen in den kampf führt (dieselben die 3457 verheissen
werden), so verrät sich die stelle als jüngerer zusatz.

als uns daz bûch gezalt hât,
mit wie getânen êrin   3480
sie Rôthere deme hêrrin
gewunnin die vil gôten
Pipinchis mûder,
van deme uns Karl*us* sît bequam
unde eine magit lossam,   3485
die gôde sancte Gêrdrût.
dâr zô Nivelle hât sie hûs[1])
unde hilfet den ellenden
gerne ûze den sunden.
von dû nis daz liet   3490
von lugenen gedichtet niet.[2])
    Der zît it nâhen began.
sich vazzede manich man
in die grôzen herevart,
die Rôther gelovet hât.   3495
dô streich ein alder wîgant
wol gevazzit over lant
in die stat ze Bâre
unde sagete lieve mêre,
daz quême manich hereman.   3500
hê reit ein ros lovesam
unde vôrde in deme scilde sîn
eine bukelen guldîn.
der scilt was alsô getân,
daz hê alse ein vûr bran   3505
von deme overglaste.
hê trôch eine brunien vaste,
ûf den gurtel gînc ime der bart.
nechein hêre newart
bî den zîden alsô lofsam   3510
alse der hêrre von Merân.
Rôther der rîche

---

1) Gertrud, Aebtissin von Nivelle, ist in wirklichkeit die tochter
Pippins von Landen.
2) Vielleicht anspielend auf den anfang der Kaiserchronik (D 2,7 *manege*
erdenchent in luge   unde vuogen si zesamen   mit scophelichen worten). Vgl.
auch 4792 f. und Einleitung S. 4.

entfienc in vromeliche,
alsô tede Aspriân
unde Widolt der kône man. 3515
hê sprach: „eiâ koninc edele,
nune halt dich nicht ovele
unde gif mir daz boden brôt.
dir komet manich helet gôt.
nim die burgâre 3520
inde rit ûz ze Bâre
ûf den sant lofsam.
du gesîst edelîchen man,
ê dise dach ende.
ich bin vore gesendit, 3525
daz ich der, hêrre, sal *s*agin
wie grôze mânkraft si haven".

Rôther unde Aspriân
unde Widolt der kône man,
die nâmen die burgâre 3530
unde rieden ûz ze Bâre
ûf einin sant lofsam
unde wartin allinthalvin dan.
dô sâgen si under luften
volc bit grôzer krefte[n] 3535
rîden wol gewafenôt.
dar brâchte manigen helet guot
Lûppolt, der getrûe man
unde vôrde einin hêrlîchen vanen.
alsin der wint hette verwandelôt, 3540
sô lûchte dar ane daz golt rôt
in allin den gebêrin,
alsiz himelbliche wêrin.
dô sprâchen die burgâre
ûzer der stat ze Bâre: 3545
„genêdeclîcher trechtin,
wer mac geniz volc sîn
bî deme vanen wol getân?"
dô sprach der herzoge von Merân:
„Rôther, lieve hêrre mîn, 3550
dat sîn die nôtstadele dîn.

jeniz zeichen lossam
vôrit Lûppolt, der getrûe man;
der verdienet hûde sîne grâfscaft,
daz dû ir ime wole gunnen macht.   3555
iz ist harde wê undersniden,
dâr rîdent zwênzich dûsint mide
alsô getâner hereman,
daz dâr nûwet mach vore bestânt.
die vôrich unde mîne kint   3560
durch dînen willin in den sint".
   Dô lûften in strîte over lant
smaracten unde jâchant
neven der Lûppoldis scare.
deme einin vanen snêvare   3565
deme volgedin jungelinge,
die vôrde van Tenge[n]linge
Wolfrât der junge man.
dâr rieden vonzich dûsint an
der ûz genomenen diete,   3570
in allin êren stâte.
pellin unde kleine gewîre,
die scônen gezîre,
die dâr ie dechein man
ze herverte gewan,   3575
die vôrtin si an den rossen.
in pellînen rockin
quam die bêrische diet.
iz nebelûchte niechein lîcht
alsô manigen helm gût   3580
mit golde wol gezierôt,
dan der helet Wolfrât
sîme neven hette brâcht.
iz scînet den Beieren imer mêr an:
da ist noch manich wâtziere man.   3585
    Alse die helede guote
geherbegeten
ûffe den sant bî dem mere,
dô gienc der koninc Rôthere
unde infienc mit grôzen êren   3590

Lûppolde den hêrren
unde Wolfrâtin
unde manigen helet gûten.
die heiz hê willekomin sîn.
„owî, Rôther hêrre mîn“   3595
sprach der riese Aspriân,
„daz ich nicht samenunge nehân
ûzer mîneme lande
der tûeren wîgande;
daz machet daz si *verre* sint.   3600
nû môz ich leider eine sîn“.
„swîgit, hêre Aspriân“,
sprach Widolt der kône man,
„dâr zô Constantinopole,
in der mêren burge,   3605
nist negeinis salis dure
unde gestellit ir mich da vore,
ist dâr dan ieman inne,
sich hevet ein unminne,
daz man si *biz* tôme[n]s tach   3610
bit necheinen êren verreden inmach“.
    Die hêren wâren dâr over nacht
biz an den anderen tach.
dô nam der hêre von Merân
Lûppolden den getrûwen man   3615
unde Wolfrâten.
sie giengen vil drâte,
die swert drûch Erwîn,
daz gebôt ime der vader sîn.
dô rieden sie deme koninge,   3620
daz hê ûzer der menie
welide drîzich dûsint lossam
unde lieze die andre ze hûs varin
inde gâfin bit golde,
die daz nemen wolde.   3625
alse dê rât was getân,
dô gienc der riese Aspriân
unde nam des koninges golt rôt,
als ime Berker gebôt,

inde gaf den wîganden; 3630
hê vromede sie heim ze lande.
dô vôrte der koninc Rôthere
drîzic dûsint over mere,
unde zwên unde zwênzich kiele
wordin geladen scîre. 3635
dâr vôr vil manich man,
des vader nie ze Bâre quam.
   Lûde duzzin die segele,
die kiele giengen evene
inde quâmen in ses wochen 3640
over mere gevlozzen
hin ze Constantînopole,
der vil mêren burge.
eine mîle niderhalf der stat,
dâr holz unde geberge lach, 3645
dâr zugen Rôtheres man
under die boume lossam
die ros ûz den kielen,
daz iz inwiste nieman
over al Kriechenlant, 3650
wie manich tûere wîgant
in den walt scône
brâchte der koninc von Rôme.
an den lach die alde zucht
unde die wereltlîche vroucht,[1] 3655
die solde ein iegelîch man
wider sînen hêrren hân,
sone worde die gruntveste
nûwet der helle geste.[2]
   Alse die helede gûte 3660
die scif gerûmôten,
dô zugen die Rôtheres man
under die boume lossam.
dô sprach *der* koninc rîche

---

1) *vroucht* hier   *vorht*, das im gedicht mehrmals die bedeutung „sorgfalt, eifer“ hat. Statt *wereltlîche* ist vielleicht *werdeclîche* zu lesen.
   2) „So würde die erde nicht den feinden aus der hölle zu teil“. Schwerlich wird *vorde* zu lesen sein „so fürchtete die erde nicht das aufschäumen der hölle“.

harde wîslîche: 3665
„vrunt inde man,
ich wille vor Constantîne gân,
in wallêres wîse
werven mîne spise
durch nûmâris willen“.   3670
dô sprach von Tengelingen
Wolfrât der junge man:
„dune salt nicht eine dare gân.
Berker ist ein wîs man
unde hât dir manigen rât getân;   3675
wilt dû, koninc hêre,
behalden dîn êre,
dan bidde mit dir gân
Lûppolde den getrûwen man.
nû nim daz guode horn mîn,   3680
daz sal die bezêchenunge sîn.
die Krîchen plegent sinne
unde wirt dîn ieman innen,
dich vânt Constantînis man“.
„introuwen“ sprach Aspriân,   3685
„verneme wir dîn horn,
sô ist die veste verlorn,
die bruc nist nîrgen sô wît,
sô mir sêle unde lîf,
vor wilecher strâze ich bestân   3690
unde Widolt der kône man,
dâr wir der engeste pfat,
den iechein man gesach“.
    Dô sluffen die helede guode
in pilegrîmis gewête.   3695
der herzoge von Merân
unde Lûppolt der getrûwe man,
die volgitin deme koninge,
gânde von der menige.
    Dô reit ein recke guote,   3700
vor den walt her schouwete.
Rôther der rîche
grôztin gûtlîche

unde vrâgete . . . . .[1])
waz dâr mêres wâre: 3705
„ich bin ein ellender man,
nâ mîner spîse môz ich gân.
nû sage mir, trûch hêrre mîn,
ich bin ein arm pilegrîm
unde vare durch die rîche   3710
vîl gâmerlîche.
sô môz der nôthafter man
dicke zô hove gân;
dâr vrâgit man den wallêre
gerne nûmâre.   3715
sagistû mir icht durch goch,
des wirt dir wole gelônôt“.
    Dô sprach der helt tuginthaft:
„ich sage der wunders kraft.
hî zô Constantînopole,   3720
der vil mêrin burge,
was ein recke hêre
unde plach grôzir êrin;
daz schînit mir immir an,
her hât mer michil guot getân.   3725
ime wâren die vursten alle holt.
her gaf in daz kreftige golt,
daz ie sichein man
zô desir werlde gewan.
sîn hof stûnt offin vromelîche   3730
den armin unde den rîchen,
die vundin an deme gôtin
vatir unde môtir.
sîn wille was zô gebine.
her nerôchte nicht zô lebine   3735
mit sicheinis scazzis ubersite:[2])
dâr hetter urloge mite,
her swante in nacht unde tac.

---

1) Es fehlt das reimwort, vielleicht *drâde*.
2) *ubersite* wol „missbrauch“ „üble anwendung“. Zum folgenden
vgl. 1127 ‘*ene erbarmet zô harde daz gôt*’. Rother übte keine schonung
gegen seine schätze.

swer in dûsint pfunde bat,
her gab sie ime alsô ringe 3740
alsô zwêne penninge.
beide, hêrre, ich wil dir sagin,
war umbe ich die rede hân irhaven“.

    Rôther [der] gerne virnam,
waz her selve hette getân. 3745
dô sprach der rîche mêre:
‚ich sage dir von deme hêrren.
her was ôtmôte
unde plach der bezzistin gôte,
die ie sichein man 3750
zô der werlde gewan.
icht nelevet nichein zunge,
die daz gesagen kunde,
waz her tuginde hât begân.
her bereit die ellenden man, 3755
arme kint heiz her vazzin unde baden,
vor sich ûffe den tisc tragin.
her gaben al daz her gewan;
her nerôchte wer iz nam.
her vôrte sulke degine, 3760
daz under deme himele
nie nichein virtriven man
sô grôze hereschaf gewan.
Constantîne deme rîchen
half er vrumiclîche 3765
von grôzin nôtin.
her vînc Ymelôtin,
der was ein heidin vreislîch,
deme dienten tagelîch
zwêne unde sivenzic koninge 3770
von wôster Babilônie.
dô kârte unse gedigine
vrôlîche widere.
her sante den wîgant
zô botin in daz lant, 3775
daz her den vrouwen sagete
waz her gevrumit havite.

hie zû Constantînopole
in der mêrin burge
was daz scône wîf, 3780
die ie gewan den lîb.
dar umbe hetter arbeit
unde irwarb mit sînir hovischeit,
daz die magit lossam
ir vater inran, 3785
êr sie wider quêmin.
de̊ heter ime zô lône
unde vôrte westert over mere.
daz was der koninc Rôthere
van Rôme, ein tuginthafter man, 3790
unde hât uns al lieb getân.
nu virnim, guote pilegrîm,
wê ime des gelônit sî“.
    Rôther wolde dannin gân,
dô sprach der helit lossam: 3795
„beite, wallêre.
ic sage der starke mêre.
alse mîn hêrre widir quam,
ime inran der heidiniske man.
dô sante der koninc Constantîn 3800
botin nâ der tochter sîn,
sie stâlin sie deme koninge Rôthere
unde vôrtin sie widir over mere.
dô reit der koninc Ymelôt
unde vôrte manigin helit gôt 3805
har zô Kriechen in daz lant
unde sti/te roub unde brant
unde vienc Constantîne,
den leiden hêrren mînin.
dô lôste Constantîn sînen lîf 3810
unde gaf daz Rôtheres wîf
deme vreislîchen koninge
van wôster Babilônie.
des sune sal sie nemin hînacht
alse dû selbe sên macht. 3815
zô Constantînopole in der stat

sîn mit grôzer heres kraft
drîzic koninge
van wôster Babilônie.
dâr stât Rôtheres wîf   3820
unde quelit den êrlîchin lîb:
van herzeleide daz ist.
nû sê der wald*endig*er Crist,
der Aspriânen sante,
ê dise tac wante".[1]   3825
dê hêrren sprâchin: „âmen,
dat stê an gotis genâdin".
die recke[n] dravite balde
widir zô deme walde,
heize weininde,   3830
sîne hande wringinde.
dô klagite der helit guot
der juncvrouwen nôt.
    Rôther gienc in dê stat.
Berker sînin hêrren bat,   3835
daz her wurbe gewerlîche.
Constantîn der rîche
saz mit grôzin kreftin
zô einir wirtschefte
ûf einim êrlîchen sal.   3840
dâr was michil schal
vor den rîchen kuningen
von wôsti*r* Babilônie.
Rôther quam mit listin
zô Constantînis tiske;   3845
deme saz bî [der sun] ein koninc heiz Basilistium
unde was Ymelôtis sun.
bî deme saz Rôtheres wîb
unde qualite ir lîb.
    Dô sprach Constantîn: 3850
„nû swîc, tochter mîn,
mir troumite nachte von der,

---

1) Diese verse werden nur verständlich, wenn man die reimworte in
sende : wende verändert. *der* ist dann $=$ *daz er* zu nehmen.

des saltû wol gelouben mir,
wê ein valke quâme
gevlogin von Rôme   3855
unde vôrte dich widir over mere".
dô slouf Rôther
under tisc unde sîne man,[1])
daz man ir nicheine war nenam.
dô hôrter al daz Constantîn   3860
redite mit den gestiche[2]) sîn.
    Die heideniskin kuninge
vrouwetin sich der menige
unde sprâchin: „quême Rôther,
er wurde irtrenkit in dem mere   3865
odir bôslîche virlorn,
daz wâre Widolte zorn".
dô sprach die kuningîn:
„owî, gesentin unse trechtîn
under ûch sô rîchin,   3870
hê worde etlîcheme,
daz hê in sivin nachtin
virsmerze nîne mochte".
    Rôther sat nâher
ûffe den vôzschêmil   3875
unde nam ein guldîn vingerîn
unde gaf der koningîn.
dâr stûnt gebôchstavet ane
des rîchen koningis name.
alsin die vrouwe gelas,   3880
daz Rôther in deme sale was,
dô lachite die gôte
unde sagetiz ir môtir,
daz in von Bâre
der kuninc kumen wâre.   3885
    Daz lachin Constantîn gesach,

_____

1) Das handschriftliche *sin man* kann vielleicht dadurch gerechtfertigt
werden, dass man annimmt, dass erst in folge einer interpolation Luppolt
3679. 97 und 4171 f. als begleiter Rothers genannt wird. Auch 3936 geschieht
Luppolts keine erwähnung.
    2) *gestich* collective bildung „menge der gäste".

nû mugit ir hôren wie her sprach:
„wol dich, trût tochter mîn,
nû vrouwit sich der vatir dîn".
dô sprach die vrouwe êrlîch: 3890
„daz ich ie gezornte widir dich,
daz rûwit mich sêre.
ich negetôz nimmir mêre".
dô sprach Ymelôt:
„vrouwe, ir liegit âne nôt.   3895
ich wêne uns ûwer lachin
herzeleit icht mache
unde wringinde die hende,
swanne iz nimit ende.
wir hôtin unsich wole;   3900
hie sint in deme sale
der leidin spehêre
des kuningis von Bâre.
swer mir des nîne gelouvet,
deme gevich mîn houbit".   3905
    Dô sprach Ymelôtis sune,
der koninc Basilistium:
„ich sach ein guot vingerîn,
daz gaf dîn tochtir, Constantîn,
der aldin kuningin.   3910
Rôthere is hie inne,
der koninc von Rôme,
swie her here quême,
des saltû wole gewis sîn".
dô sprach der koninc Constantîn: 3915
„ich hêze zwelf mînir man
vor des salis ture stân,
daz sie rechte irkinnin
die wir haven hie inne.
is Rôther dar under,   3920
den have wir schîre vunden.
wolder aber her vore gân,
daz wêre ime êre getân,
ê wir den koninc rîchen
sôchtin lasterlîche   3925

alse einin vluchtigin dieb.
iz nist ouch sînis rechtis niet,[1])
swâ man sîn inne werde,
daz her sich icht berche".
   Rôther der rîche   3930
beriet sich *heim*eliche.
dô sprach der herzoge von Merân:
„wir sulin hie vore gân
in êre des himiliskin koningis
unde alles sînis heris,   3935
daz her uns beide behôde
durch sîn ôtmôde
von der heiden*schefle*,
die mit sînir krefte
Moysen heiz gân   3940
durch daz rôte mere vreissam
mit der israhêlischen diet;
dâr nelevet ein barin niet
an des meres grunde.
got der hât gebundin[2])   3945
beide ovil unde guot,
swannez widir ime duot.
iedoch sî wir reckin,
widir unsin trechtin
beide lûtir unde lîcht,   3950
her inlêzi*t* uns under wege nit.
in sante Giljes namen
sô wil ich endelîche vore gân"
sprach der herzoge von Merân.
dô hôvin sich bit liste   3955
die hêrren vonme tiske.
Rôthere dô vore gienc:
„ich bin sicherlîche hîr.
mich scouwe wer sô wille".
die rîchen koninge alle   3960

---

1) „Es ist seinem stande nicht angemessen".
2) „Hält gebunden, vereitelt ihre pläne?" Der zusammenhaug dieser
sicher interpolirten stelle ist schwer verständlich.

drouweden ime an den lîf;
daz galt etlîcher sint.
    Dô sprach Ymelôtis sune,
der koninc Basilistium:
„ich wille dich heizen, Rôther,   3965
irtrenkin in deme mere.
dû vêngist den vater mîn,
daz gât dir an den lîf dîn.
dû môst verloren werdin,
swie dû wilt irsterven".   3970
„introuwen" sprach Constantîn,
„hê sal ovele irster*et* sîn".
dô sprach der koninc rîche
harde wîsclîche:
„wêr mir nû der lîf,   3975
sone mochte ich doch genesen nit.
sies dû jenez geberge stân
vor deme walde lossam?
dâr wil ich hangin.
nu gebûet dînen mannin,   3980
daz sie der helfen dar zô.
dû salt mer selve den dôit tôn;
iz ist in mîme lande recht"
sprach Rôther der guode knecht,
„*so*waz einen vorsten geschê,   3985
daz iz der ander ane sê.
hie ist ein michil minie,
drîzic koninge,
die kumin dir alle
unde hânt mich in dem scalle,   3990
daz ist dir êre getân.
[dô gienc Ymelotis man] [1])
dû hâst dich wol gerochin".
daz wart durch list gesprochen:

---

1) V. 3992 passt durchaus nicht in den zusammenhang und beruht
vielleicht auf einem misglückten versuch des schreibers ein unvollständig
überliefertes verspaar zu ergänzen. V. 3993 ist jedenfalls noch von Rother
gesprochen. Daran knüpft der dichter die erklärung, warum sich Rother
gerade diesen platz ausgesucht hat.

dâr hê sich bat hân, 3995
dâr lach sîn here nâin,
hê zeichenede rechte die stat,
dâr die riese Aspriân lach.
    Ymelôt heiz die koninge
von wôster Babilônie 4000
Rôthere vân,
hê woldin selve hân.
„introuwen" sprach Constantîn,
„des willich helfe wesen dîn,
daz hê uns icht inrinne. 4005
jenir alde mit deme barde,
die môwit die lûde harte
mit herverten ovir lant.
nû hâ wir sie alle samt,
sone vreiskin die Romêre 4010
lîchte nimmir mêre,
war die koninc sî kumin,
oder wie her sîn ende have genomin".
    Dâr nâ den stundin
Rôthere wart gebundin. 4015
daz dâten Ymelôtis man.
wie harte trûren began
die junge koninginne
unde virwandelôte die sinne
von grôzir herzeleide. 4020
wôfin unde weinin
hôven die vrouwin
mit vliezenden ougin.
dâ dorfte nieman vrâgan.
dô klagete wîf unde man 4025
alle Rôtheres nôt;
sint half der rîche got
Arnolde, daz her in benam
deme koninge vreissam.
    Rôtheris hâhin 4030
irschal sô wîtine mâre
zô Constantînopole,
der vil mêren burge,

den kônin wîgandin
ûz van manigin landin.   4035
die liefîn weinande
eine strâze zô tale.
michil was der ir schal.
sie sprâchin: „waldindiger got,
war umbe hâs dû des virhengôt,   4040
daz her hie gebunden stât,
der unsich al generet hât"?
  Do hette gebûwit harte
mit dûsint marken,
die ime Rôthere gaf —   4045
ime dieneten in der stat
sivin hundrit lossam,
die wârin mit handin¹) sîne man —
der heiz grâve Arnolt.
her hette silver unde golt,   4050
des was der helit milde.
zwelf hundrit schilde
brâchter zô deme schalle
unde bat die hêrren alle,
daz sie lôsten mit iren handen   4055
Rôtheren ûzen bandin.
„nû stât her gevangin
unde wirt her hûde gehangin,
sone virwinde wir in niet.
in nemach ouch die rômiske diet   4060
nimmir *mêre* virklagin.
ir nehôrtit²) nimmir [mêr] gesagen

---

1) Bezieht sich auf den bei der lehnshuldigung eingehaltenen gebrauch,
dass der mann dem herrn die gefalteten hände darreichte, der sie zwischen
die seinigen nahm.

2) Hier tritt das erste Münchener fragment ein: *hinnen fur gesagen
von sineme gnoze selten. wir suln im huite gelten, daz uns der tugenthafte
man von den durftigen nam. nuota, guote chnechte, lat iz an minen
trehtin, helfet ime frumicliche! ia dienet ir daz gotes riche: swelher huite
hie wirt erslagen, des sele muz gnade haben" sprah Arnolt, ein guot chnecht
„fuoren wir daz gotes recht! die heidene suln wir bestan. da denche och
sancte Johannes an der heilige ..... daz Ruother were der aller turiste
man der ie ....*

von sînen genôze [in]selden.
wir sulin ime hûte geldin,
daz der tugenthafter man   4065
van deme armôte unsich nam.
nû nâr, gôten knechte,
lât it an mînen trechtin
unde helfit ime vromiclîche.
ir virdînet daz himilrîche"   4070
sprach Arnolt ein gôt knecht,
„ja vôre wir godis recht.
swer hie hûte wirt irslagin,
des sêle sal genâde havin.
die heiden sul wir slân.   4075
dar denke Sancte Ylien an
unde sanctus Johannes der toufêre,
daz Rôthere wêre
der aller tûriste man
der ie konincrîche gewan".   4080
    Dô scluffin die recken
in stâlîne roche.
sie wunnin ein hêrlîche schare,
vunf dûsint wole gare.
die woldin alle den lîb geven,   4085
sê nelôsten Rôthere daz leven.
    Sic huoven mit grôzer menige
drîzic koninge
von wôster Babilônie
ûzer Constantînopole.   4090
dô vôrte der Ymelôtis sune,
der koninc Basilistium,
Rôthere gevangin
unde wolden haven irhangin.
michel was der ir b[a]racht.   4095
sie vôrden in ûz der stat,
wol zênzic dûsint Valewin
mit in zô deme galgin,
unde alsô[1]) manigin heidin.

---

dô was deme recken leide: 4100
Arnolt der wîgant,
eine kefsin her an daz sper bant,
die her in deme tôme nam.
sie rêfen unsin trechtin an
unde dravetin in ûz der stat nâ.   4105
in was ûffe daz velt gâ
mit vunf dûsint mannin
in snêwîzen brunien.

    Alse Ymelôt daz gesach,
nû mûdir hôren wie her sprach: 4110
„woch geniz sint die recken,
die woldin uns irsreckin.
an den gerechich mînin zorn.
sie havent ouch den lîb virlorn".

    Die heiden begunden nâhen   4115
dâr man Rôthere solde hâhen.
dô riefin sie allenthalven:
„nû richdit ûf den galgin"!
daz irbarmôte die recken sêre;
ir weinte michel mêre,   4120
dan er ê tâte.
dô was her in starker nôte.
Arnolt, der kône man,
rief die ellenden an:
„nû hôret, gôte knechte,   4125
war umbe wir hûte vechtin.
uns sint gebotin zwei lôn
(wî mugin iz deste gerner tôn):
daz *eine* ist sichirlîche
daz schône himelrîche: 4130

---

was den rechen laide: Arnolt der wigant, eine chefse er an sin sper bant,
die er in deme vrone tuome nam. sie riefen unseren herren an unde ilten
in uz der stete nach. uf daz velt was in vil gach. (4107. 8 fehlen) *also si*
Imelot ersach, nu muoget ir horen wie er sprach: ,jenez sint die rechen,
die wolten uns erscrechen, an den erriche ich minen zorn, si habent och alle
den lip verlorn". (4115—42 fehlen) *Der heidene wicgeruste was harte veste.*
si truogen hurnin gwant. die chefsen man hoher gebant vor den chuonen
rechen. si d(rav)eten gegen der . . . . .

swê hie ligit tôt,
des sêle wirt geledigôt
in daz wunnichlîche leven.
waz mochte dâr bezzeris sîn gegevin?
daz ander ist alsô getân: 4135
generder den getrûwin man,
er vôrit ûch in sîn lant
unde behalt unsich alle samt".
dô trôveten ime die ougin.
mit rechtime gelouven   4140
bestûndin sie die heidinschaft
unde sclôgin ir eine michele kraft.
    Daz heidine wîcgerouste
daz was vile vaste.
sie trougin hornîn gewant.   4145
die kefsin man over bant
vor den kônin reckin.
sie hôven sich gegin der dicke.
daz heilichdûm vôr ze vorderôst.
sie *vuchtin* ûf den godis trôst   4150
mit sô getâneme harme,
daz in vor deme arme
nicht inmochte bestân,
iz nemôste alliz undergân.
    Die heidenen unde die Valewen   4155
wichin von deme galgin
durch die michelen nôt.
dâr lach manich helet dôt.
Arnolt, der wîgant,
gaf daz zeichen ûzer hant   4160
unde zouch ein swert daz hiez Mâl.
iz inwas negein stâl
sô hart noch sô vast,
iz nemôste bresten.
des nâmen von sînen henden   4165
der koninge sesse ir ende.
swaz hê der andren ane quam,
den tede hê sicherlîche sam,

biz hê in den hêrren benam
unde Berkeren von Merân 4170
unde Lûppoldin,
den sie dâr hân woldin.
die bôch newille uns missesagen,
iz nemochte ire nieman achte havin.
die dâr wâren schadehaft, 4175
si jâhen iz dâde die gódes kraft.
    Alse Rôther gesach,
dat Arnolt bî ime was,
dô sprach die koninc rîche
harde vromelîche: 4180
„snîtâ, kône wîgant,
mî die bande von der hant!
unde geblâs ich mîn horin,
ir wirt michil mê verlorn
dan ir noch sî getân. 4185
uns kumit der helet Aspriân".
dô die recken daz vernâmen,
wie vrô si alle wâren!
in was zô deme storme vile lief,
si nedâchten an die vlucht nit, 4190
die kônin wîgande.
    Dô stûndin in deme sande
dannoch siven koninge
mit achzich dûsint menie.
lûde dô ein horn scal 4195
over berich unde dale,
daz blês Rôtheres man
Lûppolt von Meylân.
lûte rief Aspriân:
„mîn hêre ist weizgot bestân. 4200
wol ûf, helet Wolfrât!
ich wêne dînen neven nôt bestât.
nû wil ich Rôtheres gedagin,
inde wirt Lûppolt irslagin,
hê mochte uns imer rouwin, 4205
hê ist gruntveste allir trouwe".
    Widolt gâchete balde

ûz deme walde.
wie die halsberch klanc,
dâr hê over die strûke spranc,   4210
unde der helet Aspriân!
die zwelef riesen vreissan
liefen rû inde slech.
dâr volgete manich gôt knecht
deme Tengelingêre;   4215
hê brâchte ein here mêre
ûz deme walde lossam,
daz wâren Rôtheres man.
dâr gâchete manich wîgant
wal gewâphenet over lant.   4220
    Der luden wart allinthalven.
sie lôsten in von deme galgin
unde hôrten die erden bîven.
dar liefen dô mit nîde
zwêne riesen vreissam: 4225
der eine was Aspriân,
der ander was Widolt;
verre lûchte ime daz golt
von des skildis rande.
Ymelôt irkande   4230
Rôtheres sinne:
hê wolde gerne intrinnen.
dâr wart die vlucht vile grôz.
der wint von Aspriâne dôz.
Rôther gienc ingegin in,   4235
hê sprach: „kône helt, virnim,
die dort vor Lûppolde havin,
den nesolin die riesin niuwet scaden.
mir haven die selve hêrren
geholfin grôzer êrin.   4240
in trouwen, ich was gevangin,
mich wolden hân irhangin
die vreislîche koninge
von wôster Babilônie.
wirt dâr icht widir getân,   4245
daz lâz ich alsô bestân“.

lûde rief dô Grimme:
„sine koment niemer hinne".
    Die riesen liefen alle in daz wal.
dâr wart des heres michil scal.   4250
dâr sclûch der helet Aspriân
alliz daz hê ane quam.
Widolt nicht insprach,
biz ime die stange zebrach.
dô zouch der grimmige man   4255
ein wâfen daz was vreissan.
dô lâgen ûf den dôden
die tûere mar verscrodin.
von den wundin vlôz daz blût,
dâ Wolfrât der helet gôt   4260
zô deme volcwîge quam
unde andere Rôtheres man.
die kônin wîgande
die vromeden mit iren handen
daz man imer môz sagen,   4265
wande wir daz orkunde haven
von den alden hêrren,
die nâch vertrieven wâren.[1])
    Sich hetten die siven koninge
besundret von der menie   4270
unde vluwen vreislîche dannen.
Erwîn rande ir einin an
unde sclôcht den selven vàlant
durch sîn hornîn gewant
von der aslin biz an den sadel.   4275
dâ rach der helet sînin vader.
ir wurdin vunve irhangen;
iz was in ovele irgangin.
sich hôf der uncristine val.
die siechen lâgen in den wal;   4280
swâ sigein wê rief,
·Widolt in ane lief

---

1) Diese beiden verse sind nicht ganz verständlich. Unter *den alden
hêrren* (die besserung *al den hêrren* liegt nah) können nur Rother und seine
mannen verstanden werden.

unde trat eme in den munt,
der newart nimer gesunt.
sie môstin durch nôt dagen   4285
unde beiden dûme[n]s tagis,
daz dâr nieman genas.
Ymelôt, des die reise was,
den hêz man hine lâzen
varen sîne strâzen,   4290
daz hê dâr heime mochte sagen,
wer ime daz volc hette irsclagin.
    Dô wâren der spilemanne
wol hundret mit in gegangin,
die heiz der helet Grimme   4295
durch Ymelôtis willen
bit den•zugeweichen staven
vaste recken unde slân.
dô vlô ein spileman,
die Widolden ouch hie vore intran,   4300
vor Constantînen den rîchen
harde hasticlîche.
dô vrâgeten die vrosten alle
von deme grôzen scalle,
der dâ ze velde wêre.   4305
„ich sage û starke mêre,
sich hât irlediget der hafte;
sie rîdent here mit heris krafte.
swer ungerne hange,
der nesizze nicht zô lange.   4310
dâr gevet der helet Widolt
beide spîse unde solt¹)
den heidenischen reckin.
ich wart dâr nider gestrecket,
ich wart bevilt unde bescoren,   4315
ich hette nâch den lîf verlorn.
ich wil iz û wârlîche sagen:
die tûrlîchen bûlslage
gaf Widolt mit der stangin.

----

1) Vgl. 1712 *dâr gaf einer daz fôter.*

Basilistium ist irhangin. 4320
iz negât dâr niemanne an den vôz,
man dôt ime gare des lîves bôz.
der tûevel nime*t* och mir den sin,
daz ich sô hovebâre bin
unde och sô lange hie stân. 4325
nû vrâget ouch einin andren man.
swer hûde wirt begriffin,
der ist immir beswichin".
die hûeven sich ze vluchtin.
dô saz in leiden trechtin 4330
Constantîn der rîche
ime harde lasterlîche.
    Dô die wîgande
von rômischen lande
ûz deme sturme giengin 4335
unde die ros geveingen,
dô hette Wolfrâtis zorn
gemachit blûtige spor[n],
dîfe gerwun*d*in;
manigen ungesundin 4340
durch den helm verscrôtin.
minigin helt gôtin
vromete der wîgant
mit sîner ellenthafter hant
ze leiden tagedingin. 4345
er was von Tengelingin,
der dûresten diete,
rîche ân overmûde,
mit wîsdûmis sinne.
der lîz ouch sîme kunne, 4350
daz tô imer vorsten namen[1]) hât
die wîle daz dise werelt stât.

---

1) Der reichsfürstenstand beruhte ursprünglich nicht auf kaiserlicher erhebung, sondern auf einem durch besitztum, herkunft u. s. w. begründeten anspruch, zu dem kaiserliche anerkennung hinzutreten musste. In der mitte des 12. jahrh. konnten auch grafen wie die von Tengelingen als reichsfürsten gelten.

Dô gînc der herzoge von Merân
vor den grâven Arnolde stân
unde mit ime Wolfrât, 4355
der alliz guot verdienet hât,
unde Erwîn, der sich ie vore nam,
swâ man vromicheide began
vrô unde spâde;
hê konde wol gerâden 4360
eime gôtin knechte,
daz ime sîn dinc rechte
beleif unz an sîn alder.
den mochte man wole behaldin.
nâch den gînc ein wîs man 4365
Lûppolt von Meylân,
der hatte in sîme lande
gewonit âne scande
unde was durchnechte
bit zuchten ân overbrechte. 4370
hê wiste wol ze rechte.
en hetten gôde knechte
gevôrt biz hê swert nam.
Rôther unde sîne man
bodin Arnolde, 4375
of hê iz nemen wolde,
sie wêrin ime ungeswichin
zô allen sînen sachen.
dô leveter âne sorge.
daz heter irworven 4380
in deme volcwîge
mit sînen kônin lîve.
von dû wirt iz ime lichte gôt,
swer sô icht vromelîchis getôt.
    Sich beriet der helet Aspriân, 4385
wie iz Constantîne mochte irgân.
„dâr môz hê" sprach Grimme,
„in der burich brinnen.
nû neme wir die tochter sîn,
nâ der wir gevaren sîn, 4390
unde tragen daz vûr an.

Widolt sal vor die dure stân:[1])
swer dan dar ûz gât,
wie wol uns dê gerichit dat!
virmissit sîn der helet gôt,   4395
wir lâzenz immir âne nôt".
„entrouwin" sprach Aspriân,
ir lâzit die burc stân.
sich havent dâr gelâzin nidere
der zwelefboden sivene[2])   4400
unde die vile gôde
Constantînis môder,
Helena, die daz crûce vant,
dâr got die werlt ane intbant,
nâch der ûfferstande   4405
lôste mit sîner hande.
der Adâmen valde,
er nicht vermîden newolde
daz ime der alde got verbôt.[3])
die unsich hât gebiledôt,   4410
her hettis allis gewalt.
beide berc unde walt
scûf her unde die lufte
mit sînin mânkrefte.
swer deme icht gedienit,   4415
deme wirt wol gelônit,
daz ime sîne dinc wole stênt
unde ime nimmir mê zegênt
von êwin wan zen êwin.

---

1) Vgl. v. 3603—11.

2) Bei dieser dem interpolator angehörigen beratung über das schicksal Constantinopels hat der Wolfdietrich vorgeschwebt vgl. in der bearbeitung B 925 *Vil lûte ruofte Hâche ein fürste‚lobesam* „mir hânt die burgœre *vil ze leide getân. diu stat diu muoz verbrinnen"* sprach der küene man, „ich *gibe in des min triuwe, ez muoz in an daz leben gân"*. 926 *Neinâ lieber geselle" sprach Wolfdietrich.* „du solt ir gerne schônen, *daz stât dir tugentlich. sich hânt hie nider lâzen"* sprach der küene man „der zwelfboten *sibene des suln wir si geniezen lân"*.

3) Der zusammenhang dieser verse mit den vorausgehenden ist nicht ganz deutlich. Mit dem, was der teufel nicht unterlassen wollte, scheint der tod Christi gemeint zu sein.

nû scônit des aldin hêrren"   4420
sprach des riese Aspriân,
„daz dunkit mich gôt getân".
    Widolt vorchte den heilant,
des wart hê over alle die lant
gemeine sît den recken.   4425
her sprach: „heiliger trechtin,
waz woldis dû mînis armen man?
nû ich die wizze nîne hân,
sô der lîf irstervit,
waz sal der sêlen werden?   4430
owî daz ich ie geborin wárt!
mir riet der tûvel sîne vart,
daz ich arme tôre
die burc wolde zestôren.
grôz sint mîne sculde.   4435
ich hette dîne hulde
gerne, trechtin hêre,
unde vorchte vile sêre,
sô dû mich lieze gewerden,
dû lâzes mich irstervin   4440
alsô in mînin sundin.
nû ist daz afgrunde
gesezzit den unrechten.
wie harde ich vorchte
sanctum Michâêlen.   4445
er ist trôst allir sêlen,
vor deme der tûvel gelac —
her tede ime einen michelen slach —
in vûre und in glûde.
von sîme overmûde   4450
is hê verstôzen
von allin sînen genôzin".
    Die riesen allentsament
worfin die stangin ûz der hant.
durc den êwigen got,   4455
der in ze levene gebôt,
liezen sie Constantînople stân;
iz newâre anders nicht getân.

Rôther heiz vor sich gân
Lûppoldin den getrûwin man   4460
unde Berkeren den rîchen,
der riet ime wîslîche.
hê sprach: „nû scône, koninc hêre,
godis unde dîner sêle,
des hâstû grôze êre,   4465
unde heiz die burc lâzin stân.
wirt Constantîno icht getân,
sô sî wir sculdich irkorn
unde sîn êwelîche verloren.
Constantînum den rîchen   4470
vorchtich vreislîche.
nû sal hê des geniezen.
der uns gewerden hieze,
got der gildit harde vil.
swenne sich der mensche ovir wil,   4475
sô tût hê unrechte.
jâ sprichit unse trechtin,
swer in bit trûwen meine,
der sî in êwin reine.
nû sende, trût hêrre mîn,   4480
nâ deme wîve dîn“.
    Dô sprach der koninc rîche
harde wîsclîche:
„sint mir der vater starf
und icht der bevolen wart,   4485
sô wêrest dû mînir êren
willich immir mêre.
dû trûdis mich nacht unde tach,
daz mir ze leide nicht gescach
unde dû zugis mich alse dîn kint —   4490
daz wâren kristenlîche dinc —
unde lêrdis mich gôde knechte
haven nâch iren rechte.
nû lâze dich got der guode
durch sîn ôtmôde   4495
geniezen aller trûwin.
dû salt mich immir rouwin;

is daz ich dich overleve,
sone mochte mir nimir leidir wesin".
   Des koningis gekôse   4500
was *ime* valslôse.
sie hôten sich der sunde.
done dorsten sê· vor den scanden
gereden nehein helet gôder,
wan des ime was ze môde   4505
wider iegelîchen man.
dô wâren die vorsten lovesan
unde leveten inme rîche
mit trouwin stâdiclîche.
   Constantîn der rîche   4510
der vorste ime vreislîche.
hê sprach zô der koningîn:
„owî trût vrouwe mîn,
daz ich ie den lîf mîn gewan!
mich slânt Rôtheres man.   4515
wie grôzer kintheit ic gewêlt,[1]
daz ich ime sîn wîf nam!
dâr gescach mir ovele an,
iz was ouch alliz âne nôt.
hê hette mir wol gedienôt.   4520
des woldich deme rîchen
hûde bôslîche
lônin mit deme galgin.
iz begegenit allinthalvin
dicke den man,   4525
swaz hê dan hât getân.
die grôve hetich gegravin,
ic môz dar selve în varin,
so iz allir wêtlîches*t* ist,
mich innere der wald*endi*ge Crist   4530
unde die gûde koningîn.
nû nim die scône tochter mîn
unde vôre sie deme helede

---

1) Es fehlt ein vers mit entsprechendem reim ohne dass eine lücke
im sinne hervortritt.

ûz der burc intgegene
unde bide in durch got den gôdin   4535
gedenkin mînir nôde,
daz hê mich lâze genesen.
ich wil immir mê wesen
zô Constantînopole *werc*haft,
daz man sît biz an den tômis tach
. . . . .¹)   4540
daz hê ze Constantînopole hât getân,
do in Rôther nîne lîz irhân".

   Dô sprach die koningîn:
„wes vorstis dû, Constantîn?
der helfint die konin*ge*   4545
von wôster Babilônie,
daz dû Rôtheren hâis.
waz of dû in noch gevâis?
dînis overtrûwen*s* sca[n]den,²)
ich nemochtis dir ze . . . nie gesagin.   4550
dû versmâdes harde got,
der uns ze levene gebôt,
unde volgedis deme vertrivenin,
die legede[n] dich dar nidere.
umbe diesin wêr iz bezzir;   4555
gener leget dich in daz wazzir,³)
dâ*r* dû inde dîne gadin
nemugin geswimmin noch gewadin.
von dû machdû wol verstân,
daz nechein dinc dem man   4560
grôzeren scaden dût
dan der leide overmût,
dâr von der tûevel gewan,
daz ime nimer zeran,
ochis noch achis   4565

---

1) Es fehlen wahrscheinlich 2 verse, des inhalts: (dass man bis zum
jüngsten tag) von mir sagen soll: dass was er einst verschuldet hat, hat
er durch das wieder gut gemacht u. s. w. *werchaft* in v. 4539 (*werohaft* hs.)
„tätig, arbeitsam". Rück. liest *verhaft* und ergänzt anders.

2) „Den aus deiner selbstüberschätzung erwa⁻hsenen schaden(?)"

3) Die hölle ist gemeint.

noch allis ungemachis,
des hât hê immer genûch,
und givêris och dir, of dû nâ ime dûst".
    Constantîn saz in trechtin,
wie hê genesen mochte   4570
vor Rôtheres gestin.
dô dâchte hê des bestin,
sîne tochter heiz her vore gân
in ire gewande lossam.
dô zierede [man] megede unde wîf   4575
mit vlîze den iren lîf;
sie trôgin kurzebolde,
gelîstet mit deme golde,
unde mit edelen gesteine
gewîret vile kleine.   4580
vor Constantînin den rîchin
giengen gezogenlichen
achtich scône vrouwin
mit[1]) goldînen krônen.
    Dô quâmen die zeldere inde die ros   4585
ûffe den Pôderamus hof.
dâ klappende daz gesteine
mit den îsperlîn kleine
an den vorebougin.
mit samîte grûnin   4590
wâren die sadele bezogin,
iz inhaven dê bûche gelogin.
dâr sâzen Constantînis kint
ûf ein sîdîn gewin*t*.
der koninc reit âne sîne man   4595
under den vrouwin lossam.

---

    1) Hier beginnt das zweite Münchener fragment: *guldinen cronen.
man zoch da zelter unde ros   an den Podrammes hof. da claffete daz ge-
steine uf isperlin clainen an den furbuogen. mit sabene gruonen waren
die satele bezogen, uns nehaben diu scophbuoch gelogen. do saz daz Con-
stantines kint uf ain sidin gwint. der chunec rait ane alle sine man   under
den frouwen lussam, neben der chunigin und bi der lieben tohter sin. der
luhte ein carbunkel — der wart nie tunchel — obene uz der chrone. ahcec
frouwen scone furte der chunec Constantin mit der lieben tohter sin . . . .*

bî deme reit die koningîn
unde die lieve tochter sîn.
dâr lûchte ein karbunkil —
dâr newart nimmir dunki*l* —   4600
ovene ûz der krônin.
achzich vrouwin scône
vôrde der koninc Constantîn
mit der lievin tochter sîn
Rôthere deme helede   4605
ûz der burc intgegene,
daz sie deme Rôtheres . . . .
. . . .[1])
 Wie die zoume klungin,
dô die vrouwin drungin
ûz der burc in widerstrît!   4610
dâr lûchte daz Rôtheres wîp
vor andren wîven over lant
als ein bernender jâchant.
daz irsach der grâve Erwîn,
hê sprach zô deme hêrren sîn: 4615
„dâr komit dîn leide swâgir,
dû salt in wol intfâhen.
gedenke der aldin zuchte und êrin,
wie hie bevoren die hêrren
ir leit liezin durc got.   4620
nu nemache der[2]) werlde necheinin spot
an deme gôdin knechte.
daz komit dir rechte,
nû der kuninc Constantîn
rîdit ûz intgegin dî,   4625

---

1) Schluss von 4607 und 4608 (bis auf den letzten buchstaben . . . r)
sind ausradirt.

2) Rückseite des zweiten Münchener fragments: *werlt nehein spot
an deme guoten chnechte. herre daz chumet dir rechte, sit der chunec Con-
stantin ritet uf die gnade din, nu laze ime sinen lip; er bringet ein vil
scone wip*". „*ez ware des halp vil wol*" sprach Asprian „*wurde im doh
ein mulslac getan*" *Berther der riche sprach do wisliche: neina, helt Asprian,
din zucht sol huite fur gan. sit er under die frouwen ist chomen und heter
minen chinden benomen allen den lip, so muosen wir eren disiu wip an
dem chuninge oder iz chome uns vil ubele. swenne der* . . . . .

daz dû ime lâzis den lîf.
hê bringit dir daz scôniste wîf".
„iz wêre vil wol" sprach Aspriân,
„worde ime ein bôlslac geslân".

Dô sprach gezoginlîche   4630
Berker der rîche:
„neinâ, hêrre Aspriân,
hie sal die zucht vore gân;
nû hê undir den vrouwin ist komin
unde hette her benumin   4635
allin mînin kindin den lîf,
wir sulin êren dise wîf
an deme rîchen koninge,
iz quême uns anders ovele.
alse der man genâdhin gerit,   4640
iz ist recht der in gewerit".

Rôther der rîche
sprach gvôclîche:
„nû nâr, wîgande,
von rômischen lande!   4645
intfât Constantînin
durch den willin mînin!"
dô gînc der herzoge von Merân
intgigin der vrouwen lossam.
Lûppolt unde Erwin   4650
intfiengen die koningîn.
Rôther kuste sîn wîf,
si was ime alse der lîf.
hê kuste ouch die aldin koningîn
unde heiz si willekome sîn.   4655
Wolfrât der wîgant
nam Constantîne bî der hant.
dô in Widolt gesach,
ovillîche hê sprach,[1]
her lach inde beiz in die stangin,   4660
daz die vôris flamme
dar ûz vôren dicke,

---

1) Wol *sach.*

die vreislîchen blicke
sach man an deme kônin man.
dar nemochte nêman zô gegân,   4665
sine rededen ime vil evene mide.
hê hôf die meisten unside,
des hê immir began,
ze wilichen hantwerke hê quam.
    Wie rechte die koningîn gesach   4670
daz Widolt unsitich was!
zô Constantîno deme rîchen
sprach si gezogenlîche:
„dû solt vor Rôthere stân.
dort steit Aspriânes man;   4675
sîn gemôte ist herte.
waz of dich dînis gevertis
noch hûde selve irvilt?
nû warde wie jenez ki: spilit,
daz ime die vûirflammin   4680
scrickint ûz der stangin.
wene durch des koningis êre
dune bescouwedis nimmer mêre
weder lûde noch lant,
dich slôge der selve vâlant.   4685
inbrêche her von den lannin,
dîn levent wêre irgangin“.
    Die koningîn ir tochter nam,
eine vrouwe lossam:
„Rôther, hêrre mîn,   4690
diz ist die êchone dîn,
die nim in dîne gewalt,
swie dû gebûdist, helet balt.
got lône dir maniger êren
unde allin disin hêren,   4695
die si zû mir hânt getân.
Berker von Merân,
dû bist ein ûz irwelet helt,
zô allin trouwin irwelt,
unde irkennis och unsin trechtin.   4700
dîn môdir mûze sâlich sîn,

daz si dich ie getrûch.
dû bist biderve unde gôt.
dîn zucht is hûte wole scîn,
sît der koninc Constantîn   4705
mit deme lîve intgât,
sô vile hê dir leides getân hât".
si sprach deme gôtin knechte
wol mit grôzeme rechte:
im was ie allir haz leit;   4710
des beherdint die bûch die wârheit.
    Dô sprach der koninc Constantîn:
„Rôther, lîve hêrre mîn,
heiz Arnolde here vore gân,
ich wil deme tugenthaften man   4715
durch sîne dugint gevin,
daz her immir samfte mag levin,
der dich nerin wolde".
dô krônete man in mit golde
unde lêch ime ein lant dâr.   4720
dô wart hê koninc n Grêciâ.
die vonf dûsint hêrren,
die mit ime geriden wâren
ûz der burich lossam,
die wurdin bit handen sîne man.   4725
dô reit hê vrôliche
in daz sîn rîche
inde levẹte mit grôzin êrin,
die hetter immir mêre
bizze an sînin tôt.   4730
sus wart ime gelônôt.
gedâchte des noch etlîch junc man —
iz nistûnde ime nicht ovele an —
unde dienete vlîzlîche,
ime lônete etlîche.   4735
    Die hêrren rûmpten iz dâr.
Arnolt vôr in Grêciâ.
die koningîn gînc umbe
unde kuste besunder
alle Rôtheres man.   4740

si heiz sie gode bevolin varin.
Wolfrât der wîgant
nam achzich dûsint bî der hant
und brâchte si vile scîre
zô eime scônin kiele,   4745
die vôrde der koninc Rôthere
mit sîneme wîfe over mere.
dô heiz der riese Aspriân
die lûde in den kiel gân.
die hêren vôren alle samt   4750
wider hein in ir lant.
dô reit der hêrre Constantîn
unde die rîche koningîn
zô Constantînopole,
der mâren burge.   4755
in nerou sîn tochter nicht:
Rôtheres êre was ime lief.
    Die kiele begundin evene gân.
Rôthere unde sîne man
vôren vrôlîche   4760
ingegen rômeschen rîche
her wider ze Bâre ûf den sant.
dar vromete man ros unde gewant
und alliz dat in deme kiele was.
die vrouwe Pipînis genas   4765
an deme selven tage,
dô si quâmen zô deme stade.
Lûppolt der getrûwe man
geinc vor Rôtheren stân.
hê sprach: „vrô weset, hêrre,   4770
der lieven nîmêre
die ich iu willin sagin.
iur wîf hât einin sun gedragin“.
der koninc vor leive up spranc:
„hêre got, nû have danc!   4775
waz dû genâden hâst getân
zû mir vil sundigin man!
ich sie wal, dê bit dî bestât,
dat ime nimmer zegât

des êwigen rîchis. 4780
dû hilfis ime stâdenclîche".
   Sic hûven capellâne,
dô sie die rede vernâmen,
unde touften daz kindelîn,
daz wart geheizen Pippîn. 4785
dô quam vil manich amme
in die burc gegangin
unde zugen daz kint bit vorten.
sin beslîf it Berten,
eine vrouwen vile gût, 4790
die sît Karlen getrûch.
von dû nesulit ir dit lît
den andren gelîchin nit,
wandit sô manich recht hât,
danne ime die wârheit instât.[1] 4795
   Rôther in deme hove saz:
wie michil dat gedranc was
vor deme koninge lossam!
dô hugede iegelîch man
wider heim in sîn lant, 4800
wande si in der herverde
manige zît harde
hetten gewunnin.
beide alden ande jungin
bâdin in gevin urlof, 4805
si woldin· rûmen den hof.
der koninc sich in zô vôzin bôt
unde bat si durc got:
„neinâ, mâge unde man,
ir sult mit mir bestân. 4810
nû wart durch got scône,
biz ich iu gelône.
iz wâre die meiste scande
die in sicheinen lande
ie ênich man gesach". 4815
manich gût knecht dô sprach:

---

1) Vgl. v. 3490. 91.

„nein ir, hêrre, wêzgot,
ir havet uns wal gelônet".
dô sprac der riese Aspriân:
„wir sulin hie bestân. 4820
ich nekome nimmir hinne
âne des koningis minne".
    Rôther der rîche
lônede vromiclîche
den gûden knechten allent samint. 4825
[lêch hê die rîchen Scottelant
unde][1]) deme helede Grimme,
der bûete dâr inne
bit michelen êren.
Aspriâne gaf hê Rêmis 4830
unde lêch ime die marke,
der hette gedienet starke.
den zên riesen[2]) allent samt
lêch hê die rîchen Scotland.
*Lot*ringin unde Brâbant, 4835
Vriesen unde Hollant
gaf hê vier hêren,
die mit ime wâren
ûz ir lande gev*a*rin,
die hetten herzogin namen. 4840
hê mêrten allin ir gût,
sie hetten ime wol gedienôt.
    Rôther saz bit voller hant
und deilte wîdene die lant,
hê rîchede manigen. 4845
Erwîne gaf hê Ispanien.
Sassen unde Turinge,

---

1) Wenn auch die ganze stelle dem ursprünglichen gedicht wol nicht
angehört, so erklären sich die eingeklammerten worte doch nur durch ein
versehen des schreibers, der erst von v. 4825 auf v. 4833 übergesprungen war
und dann auf die ausgelassenen verse wieder zurückkam. Vermutlich ist auch
dem Grimme eine stadt verliehen worden. Ganz sinnlos wäre die verbindung
von v. 4825 mit 4826.

2) Sonst ist von 12 riesen die rede, aber Grimme und Asprian, die be-
sonders belehnt sind, werden hier nicht mitgezählt.

Plîsnin [1]) und Swurven [2])
gaf hê zên grâven
die mit Lûppolde wâren   4850
over mere gevaren.
her nam ir allir gûde ware.
die ime icht lieves hetten getân,
die neverluren dâ nit an.
dane was nehên scaz mê *lief*,   4855
er nebôt och die rosse nit,
mit der breidin erdin
mûsten gelônet werden.
    Hie saget uns der richtêre [3])
von deme *liede* mêre,   4860
dat is den *vromin* allin lîf,
die bôsen negelouvent is nit.
sine hânt der vromechêde nicht getân
und ingetrûwe*nt* der geînen man.
    Rôther saz in trechten   4865
unde gaf alliz daz hê mochte.
dô heiz hê ime gewinnin
den hêrren von Tengelingin
unde gaf ime Ôsterrîche,
her gaf ime wârlîche   4870
Behein unde Polen,
daz hê sich deste baz mochte begân.
done gewas bî dem mer
weder sît noch êr
nechên sô stadehafter man.   4875
iz was ime allez underdân.
her hette des gôdes michele macht
unde was der rechten vorsten slach
die alle sô irsturbin,
dat sie nie bezigin newordin   4880

---

1) Der gau Plisni, das heutige Sachsen-Altenburg und die angrenzen-
den gegenden umfassend.

2) Das land der Sorben, die Lausitz, damals zur thüringischen ost-
mark gehörig.

3) Nicht soviel wie ,,bearbeiter'', sondern dem sinne nach = *tichtêre*,
wenn nicht überhaupt hieraus verlesen.

valskes widir niheinin man.
ir ende was gôt unde lovesam.
    Rôther wol gedâchte
wer ime wole gedienit hâte.
Lûppoldin den getrûwin man   4885
her heiz vor sich gân
unde machete den helt jungin
koninc zô Karlungin
unde gaf ime Berkeris gewalt,[1])
Pulge unde Ceciljinlant.   4890
von dû wart ime sîn lên breit,
daz Berker mit sîme scilde bereit.
manigin winter kaldin
vil dicke deme alden
sîn bart rinne began: 4895
er was ein unbedrozzin man.
    Die hêrren gertin alle samint
geleidis ûffe daz lant.
dô sprach Aspriân:
„wan rîtit ir dar an?   4900
swen dâr ieman bestât,
wie gewis er den mînin schilt hât!“
des antwerde dô Witolt:
„ich bin in allin holt,
die Rôther sîn underdân: 4905
der nelâzich nimmir nicheinin man,
swâ ich von ime hôre sagen,
dar mich die vôze mogen getragen“.
dô sprâchan Aspriânes man,
sine woldin dâr heime nicht bestân,   4910
bedorster immir mêre
Rôther der hêrre:
„swer ime iecht wolde dôn,
wir zebrâchin in alse ein hôn“.
do gezême[2]) . . . . beide nît unde spot   4915

---

1) Rother überträgt auf Lupold Berkers herschaft, in deren besitz
dieser aber noch verbleibt. Zu Meran wird auch noch Apulien und Sicilien
hinzugefügt.
    2) Ausfall mehrerer verse.

virbûtit der waldindigir got,
alsiz was wîtin
bî Rôtheres gezîtin.
dô neplac sîn nieman,
iz nemôste ime an den lîf gân.   4920
von dû wistin sie wole
beide heime unde zô hofe,
swer deme andrin icht geheiz,
daz her. dat wâr liet,
iz nebenême ime der tôt   4925
oder êhaft nôt.
 Rôther dô kuste —
wie wol in des geluste! —
manigin wârhaftin man.
die ros man satilin began   4930
widir heim in ir lant.
dô reit ûffe blankin marhe
in lêchtime geserwe
von Rôthere deme rîchen
ein hêrre werlîche.   4935
der vôrte an den beinin
mit edilime gesteine
zwô hosin wol gezîrôt,
mit golde gewîrôt.
er vôrte an sînem schilde   4940
ein tier samt iz spilde
ûz deme golde êrlîch,
eime capelûne[1]) gelîch,
dar umme lâgin steine
grôz unde kleine,   4945
die daz leicht bârin
alsiz sterren wâren.
ime stûnt umme des schildis rant
manich gôt jâchant;
in deme satilbogin sîn   4950
stûndin swanin guldîn.

---

[1]) Ein drachenähnliches tier, auch *gabilûn*, *gampilûn* vgl. Martin
Kudrun 101, 1.

ûffe deme helme lac ein stein,
der umme mitte nacht schein
in allen den gebâren
alsez liecht tac wâre.   4955
den brâchte Alexander
von vremidime lande,
dar nie nichein kristin man
weder ê noch sin nequam.

 Der stein hiez Claugestiân[1]),   4960
den vôrde ein aldgrîsir man,
deme was die bart harte breit.
ei wie vermezzelîche her reit!
ime gînc daz marc in sprungen
baz dan eime jungin.   4965
urlof her zô deme koninge nam;
iz was der herzoge von Merân,
nâch deme dâr heime
sîn wîf dicke weinite.
der rîche got von himele   4970
santin ir sît widere.
 Dô der herzoge von Merân
zô deme koninge urlof genam,
dô rietin sie alle dannen.
die hêrren dô sungin,   4975
die marc begundin springin;
dar wart von den vrouwin
michil schouwin.
Rôther wranc die hande:
„nû bin ich ellende.   4980
noch sal die welt gewis sîn,
môz ich haven den lîf mîn,
daz ich gerne mîn guot,
same der edele arn tôt,

---

1) Es ist wol der stein gemeint, der dem Alexander aus dem Para-
diese zugeworfen wurde, vgl. Lamprechts Alexander ed. Weismann v. 5894 ff.
Hier wird aber weder der name des steines genannt, noch wird er in über-
einstimmender weise geschildert. Zacher in seiner zeitschr. X 109 f. ver-
mutet darum, dass eine andere tradition als quelle gedient habe. Über den
namen *Claugestiân* ist nichts ermittelt.

wil teilin gelîche   4985
armin unde rîchen,
swer iz an mich sôchit
unde is mit êren gerôchit,
die wîle ich ein brôt hân".
Widolt' unde Aspriân   1990
unde andere Rôtheres man
vôrin in ere rîche
unde begîngin sich vromelîche
mit grôzin êrin, daz is wâr,
zwei unde zwênzic jâr.   4995
      Under des gewôchs Pippîn,
daz her koninc mochte sîn.
Rôther der rîche
half ime vromichlîche,
alse noch manich man   5000
sîme sone grôzir êrin [ge]gan.
Rôthere saz dâr heime —
got irliet in aller leide —
unde zôch Pippînin,
den lieven sone sînin,   5005
mit grôzin êrin, daz is wâr,
vier unde zwênzic jâr,
bit der tûrlîcher degen
gerne swert wolde nemen.
dô wart ein lantsprâche   5010
gebodin hin zô Âche,
dar vil manich vrome man
mit sîme hergesellen quam,
gevazzit vromiclîche,
wîtin ûz deme rîche.   5015
ûffe den hof quâmin Rôtheres man,
dâr Pippîn dat swert nam.
dar quam die riese Aspriân
unde Widolt der kône man
unde der helt Grimme,   5020
der riesen ingesinde,
der was griuwelîche getân.
dô brâchte der riese Aspriân

sivin hundrit manne
mit îserînen stangin. 5025
    Dô reit durch frenkische lant
Wolfrât der wîgant
mit scôneme ingesinde.
der hêrre von Tengelingin
der vôrte wundirinkône man, 5030
drîzic dûsint lossam,
ûffe den hof zô Âche
zô der lantsprâche.
von Ispaniâ Erwîn
und Lûppolt der meister sîn, 5035
die wâren beide rîche
unde vôrin gezogenlîche.
durch Pippingis willin
brâchte von Kerlingin
Lûppolt der getrûge man 5040
sechzic dûsint lossam.
hei wie lieve Rôthere was,
wande her sie alle gerne gesach!
    Dâr zô Âche wârin sie over nacht
unz an den andrin tach. 5045
alsiz des morgenis tagete,
ûffe deme rosse havete
Pippîn der helt gôt
mit golde wole gezîrôt.
die mar begundin springin 5050
under den jungeling*in*.
dô burdêrete manich man,
dâr Pippîn swert nam.
Widolt unde Grimme
liefin in deme ringe. 5055
die riesen dô tunidin
daz die erde bibite.
zô Âche was die hêrscaft
drê tage unde drî nacht.
dô hôbin *sich* gelîche 5060
arme unde rîche.
die bestûndin alle samt

von Rôtheres sone daz lant,
alse sîn vater sturve,
daz Pippîn keiser wurde.   5065
    Die swertleite was getân.
dô zôch iegelîch man
hin zô sîme lande.
dâr leveten sie âne schande.
Rôther der rîche   5070
der levete vromiclîche.
    Dô der koninc Pippîn
vor Rôthere deme vatir sîn
daz swert umbe gebant,
dô reit her mit manigeme ûf daz lant   5075
unde richte nâch rechte
hêrrin unde knechten.
dô scheit sich zô Âche
die grôze lantsprâche.
    Dô quam gestrichin over lant   5080
ein snêwîzer wîgant,
daz hette dat alder getân.
ime volgeten sîne hereman,
zwei dûsint, daz ist wâr.
ime was daz edile hâr   5085
bî den ôrin ave geschorin.
er was von grunde ûf geborin
zô deme aller trûwistin man
den ie sichein kuninc gewan.
er reit durch nûmâre,   5090
waz dâr zô Âche wâre.
sîn ros was zoumstrenge.
iz nestûnt borlange,
unz in Rôther gesach.
nû mugit ir hôrin wê er sprach: 5095
„wol mich, daz ich mîn lîf hân.
dort kumit der helt von Merân.
nu intfât in alle die hie sîn".
„daz dôn ic" sprach dê koningîn.
die vrouwe lossam   5100
kuste den helt von Merân

wie kûme Rôthere irbeite
bit *Berker* ûf den hof reiʄ!
selve intfînc hê sîn rosfert,
des was der helt wole wert.　　　　　5105
do intfiengin Rôtheres man,
swaz mit Berkere quam.
die gôtin knechte
dâtin al rechte,
wan diz hette der helt gôt　　　　　5110
vil wole virdienôt,
dô sîne tage dochten
unde sô hê rîtin mochte.
　　Dô Berkêr virnam
waz Pippîn hette getân,　　　　　5115
Rôthere deme rîchen
reit her wîslîche:
„nû volge mer, koninc gôte,
des mer is zô môte,
unde helf der armin sêle,　　　　　5120
daz ist tugint aller êrin.
dû grâwist, hêrre mîn,
daz dinc nemac immir nicht sîn.
iz stât den gôtin knechtin
in ir aldere rechte,　　　　　5125
daz sie mit gôte virdieneten
sô sie von diser werlde endin.
dîn dinch stûnt grôze.
der mînir genôze
quâmen sechszêne　　　　　5130
ûf ir alemêne[1])
unde klagetin, trût hêrre mîn,
dene liebin vatir *d*în,
der lac in sînin ende
unde bevalch dich mir bî der hende.　　　　　5135
sît hân ich dir bî gestân,

---

1) Die 16 genossen sind wol die 16 söhne Berchters, wie sie die ur-
sprüngliche sage kennt (vgl. einl. s. 3). Wie hier Rother dem Berchter, wird
Wolfdietrich dem Berchtung von seinem vater Hugdietrich auf dem sterbebette
anempfolen: Wolfdietrich B 262. *ûf ir alemêne* ist nicht genügend erklärt.

daz dir nichein man
argis nicht nebôt,
her hette uns beiden gedrôt.
[1])nu nemach ich, trût hêrre mîn,   5140
der nechein vrome sîn,
dune volgis mîneme râde,
sô bistû aller nôde
irlâzin immer mêre
unde helfist och der sêle".   5145
    Rôther swîgete dô.
Berker sprach ime aber zô:
„daz ist wâr, koninc edele,
ich nerâde dir nicht ovele.
nû koufe dir selve gôte wort[2]),   5150
jâ is der schaz alse ein hor
leider unreine;
wir nevindin sîn nicht dâr heime.
swê vil der man gewinnit,
wie schîre ime zerinnit!   5155
daz ist uns alle tage schîn.
nû volge deme râde mîn
unde helf der armin sêle,
die levet immir mêre.
nune lâz dich nicht betrâgin;   5160
swer der gotis genâdin
rechte wirdet innin,
der môz sie immir minnin.[3])

---

1) Umarbeitung in dem hier eintretenden Arnswaldischen fragment:
so daz du nemanne ubel hast getan. unde nû nemachich, trut herre min,
vorbaz dir nehein vrome sin, dune volgest mineme rate, — iz nis noch
nicht zo spate — so bistu irlazen aller ruwe: des solt tu mir herre ge-
ruwen". Ruther swigete do. Bercher sprach im aver to: „daz ist war,
koninc here, ich rate dir dine ere, ich spreche diner selen wort, ja ist
. . . . hort leyder vil unreine . . .

2) Geht wol auf die fürsprache der heiligen.

3) Arnswaldisches bruchstück: *iz ware umme dich also getan, du*
werest ie vil riche, din dinch stunt grozliche, sich waz hilfet dir daz?
getut ein vil arem man baz, der wil din obergenoz sin. nu volge mir trut
herre min unde vare wir hin tzo Vulde: swer gerne genesen wulde, der
mochte da vil gerne broder sin. wir moneken uns trut herre min. wir solen

dû wêre ie rîche,
dîn dinch stûnt grôzlîche. 5165
waz helfit nû daz?
getôt ein ander bat,
er wil dîn overgenôz sîn.
nû volge mir, trût hêrre mîn,
und zê wir hin zô walde. 5170
swer genesen wolde,
der mochte dâr gerne brôder sîn.
wir munichin uns, trût hêrre mîn.
wir sulin der armin sêle wegen;
diz ist ein unstâde leven". 5175
dô sprach der koninc gôte,
daz her dat gerne dâte.
Rôther bî der hant nam
die vrouwen alsô lossam
unde sagete ir sîn gemô[ch]te. 5180
dô sprach die vrouwe gôte:
„iz ist der bezziste rât,
den Berker getân hât.
nû volge uns, koninc edele,
iz nekumit *dir* nicht ubele". 5185
dô sprach der[1] . . . .

---

alsô iz noch hûte stât
daz iz vil manige êre hât.
dô clûsete sich dê konigîn,
got der gab ir den sin. 5190
dô stûnden die rômischen rîche
harde vredelîche,
wente Pippîn irstarb
unde Karl daz rîche irwarb.
der levete sît scône 5195
unde richte wol dê krône.

---

der armen sele plegen, iz ist uns anders unghewegen". do sprach de kuning
stete, daz her iz vil gerne tete. Ruther an de hant nam . . . .
    1) Die Heidelberger hs. bricht hier ab. Die schlussverse bietet das
Arnswaldische fragment.

Hî hât [ouch] daz bůch ende.
nû valdet ûwer hende
unde biddet alle got,
der uns zô levende gebôt,
daz her deme richtêre[1]) gnêdich sî   5200
unde ouch iuwer nicht ne . . .

---

1) Vgl. v. 4859.

Abweichungen von der handschrift.

Die urheber der aufgenommenen conjecturen sind bezeichnet (M = Massmann, R = Rückert, E = Edzardi). Stillschweigend gebessert sind die zalreichen schreibfehler der hs. z. b. verwechselung von *b* und *h*, *m* und *n*. Nicht berücksichtigt sind ferner die orthographischen änderungen; nicht besonders aufgezählt auch die fälle des vor vocale vortretenden *h*, das schwinden des inlaut. *r*, *n* nach vokalen, des inlaut. *t* nach *ch*.

1—40 nach M, jetzt grösstenteils unleserlich vgl. Germania 20, 405 f. 18 *er* von R ergänzt — 23 *alle* unleserlich — 41 *unde* M] *daz* — 55 *gestruiste* — 87 *er* fehlt — 115 *redete* R] *redet* — 159 *nichein*] *incheim* — 190 *swer* R] *suvil mer* — 201 *ir kiele* M] *vor ziele* — 259 *mic*] *mer* — 274 *alle* R] *al* — 332 *der* von R ergänzt — 344 *sie* fehlt — 364 *mugider* R] *mugide* — 414 *schazze*] nur .... *e* deutlich — 425 *gewunnin* M] *gewinnin* — 534 *daz is sin*] *des is kin* — 543 *schadehaftin* R] *schade afin* — 559 *er* unleserlich — 609 *willicliche* R] *willisliche* — 626 *bedorfter*] *bedorfte* — 637 *den* R] *der* — 733 *wole* R] *wolde* — 739 *virwostent* R] *virwosten* — 752 *aller*] *alle* — 767 *von*] *v* — 807 *die* M] *sie* — 880 *gescheit* aus *geschein* corrigirt — 923 *irkinne*] *in kinne* — 925 *heizet* R] *heiz* — 936 *tuginthafter* M] *zugint hafter* — 955 *holden* M] *hoden* — 970 *minnicliche* R] *minniliche* — 976 *is* von R ergänzt — 1002 *wicgewete* R] *wicgewere* — 1020 *machten trunken* R] *machent getrukini* — 1025 *mer* R] *mere* — 1109 *die* R] *der* — 1151 *warf*] *war* — 1171 *an* R] *in* — 1193 *in*] *an* — 1219 *zo* von R ergänzt — 1258 *neheinen* R] *nehein* — 1294 *unstadehaft* R] *vnstadichat* -- 1309 *bescheinete* R] *beschinete* — 1322 *richen* R] *riche* — 1337 *geazin*

M] *gezam* — 1413 *u* von R ergänzt — 1443 *und* R] *nv* —
1445 *bosheit* M] *boheit* — 1488 *vrumichliche* R] *vrumiche* —
1520 *erin*] *trin* — 1535 *weiz* R] *wezei* — 1538 *einer*] *eime* —
1545 *wolditer* R] *woldir er* — 1546 *pinketen* — 1554 *der*
von R ergänzt — 1563 *danne* R] *daz* — 1594 *der* R] *do* —
1600 *man* von R ergänzt — 1672 *vragiter* E] *vragit* — 1701 *er*
von R ergänzt — 1766 *in* R] *eme* — 1784 *gerouft*] R] *gerouf*
— 1787 *gestole* R] *stole* — 1798 *der* fehlt — 1853 *karbunkul*
R] *karbulkul* — 1857 *mochtin* R] *mochtiz* — 1869 *turirs* R]
turis — 1870 *dar* R] *daz* — 1887 *sinin* R] *sinim* — 1891 *ge-
want* R] *gewan* — 2037 *spranch* R] *sprach* — 2073 *dieser* R]
diesen — 2082 *gewunne* R] *gewinne* — 2112 *gewunnis* R] *ge-
winnis* — 2115 *nein* R] *nie* — 2145 *de al der* R] *der alden*
— 2196 *irs* R] *ies* — 2246 *mic*] *mir* — 2261 *vote* aus *voze*
corrigirt — 2270 *satte* aus *sazte* — 2291 *nune* R] *nu* —
2292 *die* R] *din* — 2311 *ich* von R ergänzt — 2364 *einin* R]
einir — 2396 *hilf*] *hil* — 2409 *mir*] *mich* — 2455 *umbe* R]
unde — 2469 *sies*] *sie* — 2498 *warin* R] *was* — 2565 *woster*
von R ergänzt — 2569 *iergin*] *ie gerin* — 2640 *daz* R] *do*
— 2645 *breiten* R] *breither* — 2652 *wostir* R] *wostin* —
2688 *hern* R] *her* — 2711 *Dietheriche* — 2715 *ir in*] *usen* —
2732 *alser* R] *alse* — 2740 *nuwet* fehlt — 2743 *swar* R] *swaz*
— 2756 *als iz* R] *aliz* — 2769 *der* R] *den* — 2802 *gote* R]
got — 2813 *sigein* R] *sigen in* — 2818 *man* von R ergänzt —
2927 *gewunnin* R] *gewinnin* — 2947 *Emeger* — 2958 *Wolfrat*
R] *lofhart* — 2959 *an* R] *a* — 2981 *die riese Wolframmen
erwant* — 2998 *sich* von R ergänzt — 3039 *manigen* R]
manige — 3076 *wat* R] *want* — 3077 *gat* R] *gan* — 3131
wollir — 3155 *vrome* R] *urowe* — 3177 *geven* R] *geve* —
3191 *kiel* fehlt — 3205 *in* R] *iz* — 3212 *sint* M] *han* —
3214 *sin* R] *si en* — 3222 *die* R] *sie* — 3249 *vrouwe* —
3258 *vorde* von M ergänzt — 3266 *inachte* Bartsch] *inhatte*
— 3298 *die*] *den* — 3326 *iz* R] *ir* — 3336 *von* R] *vor* —
3341 *mir*] *mit* — 3358 *dich* R] *mich* — 3383 *er* fehlt — 3408
minen R] *mine* — 3425 *der* M] *daz* — 3440 *min* R] *nim* —
3485 *Karlus*] *Karlr* — 3526 *sagin* R] *gagin* — 3571 *eren* R]
iren — 3600 *verre* R] *nene* — 3610 *biz* R] *hiez* — 3643 *der*
von M ergänzt — 3664 *der* von R ergänzt — 3738 *swante* R]
sante — 3787 *de* R] *do* — 3807 *stifte* R] *stite* — 3823 *wal-*

dendiger M] *waldiger* — 3843 *wostir* R] *wostin* — 3858 *sine*
R] *sin* — 3872 *he* von R ergänzt — 3924 *heimeliche* R] *er-
meliche* — 3937 *heidenschefte* M] *heidenin* — 3972 *irstervet*
R] *irsterven* — 4023 *mit* von R ergänzt — 4061 *mere* von
R ergänzt — 4129 *eine* fehlt — 4131 *dar* R] *daz* — 4135 *daz*
R] *dar* — 4150 *vuchtin* R] *wuftin* — 4174 *iz* R] *ir* — 4192 *Do*
R] *die* — 4215 *Tengelingere* R] *tengelere* — 4221 *lueden* —
4256 *daz* M] *dar* — 4307 *irlediget* M] *irlegiget* — 4339 *ger-
wunin* — 4396 *lazenz* R] *lazen* — 4500 *ime* E] *ane* — 4528
wetlichet — 4530 *waldendige*] *waldige* — 4539 *werchaft*] *we-
rohaft* — 4544 *koninge* M] *konin* — 4548 *overtruwen* —
4557 *dar* R] *daz* — 4571 *vor* R] *von* — 4594 *gewin* —
4600 *dunkil* R] *dunkir* — 4761 *romeschen* R] *romesche* —
4773 *iur* R] *iu* — 4782 *Sic* R] *hie* — 4814 *sicheinen* R]
sicheine — 4815 *ie enich* R] *ienich* — 4835 *Lotringin* R]
(d)orringin — 4839 *gevrin* — 4855 *lief* R] *diet* — 4860 *liede*
R] *leiden* — 4861 *vromin* R] *vrouin* — 4864 *ingetruwent*]
ingetruwe — 4881 *valkes* — 4900 *ritit* R] *ritir* — 4901 *swen*
R] *swer* — 4907 *von* M] *vor* — 4923 *andrin* R] *andris* —
5051 *jungelingin* R] *jungelinge* — 5060 *sich* von R ergänzt
— 5075 *lant* M] *sant* — 5083 *sine* R] *sin* — 5099 *de* R] *der*
— 5103 *Berker* M] *rothere, reit* M] *reif* — 5133 *deme liebin
vatir min* — 5137 *nichtein* — 5139 *beiden* R] *beide* — 5150
gote R] *got* — 5157 *nu* R] *du.* — 5185 *dir* E] *uns.*

Halle, Druck von Ehrh. Karras.

www.ingramcontent.com/pod-product-compliance
Lightning Source LLC
Chambersburg PA
CBHW031119020726
47495CB00007B/2264